AF345172

MÉLANGES

INTÉRESSANS ET CURIEUX,

TOME PREMIER.

MÉLANGES

INTÉRESSANS ET CURIEUX,

OU

ABRÉGÉ

D'HISTOIRE NATURELLE,

MORALE, CIVILE ET POLITIQUE,

DE L'ASIE, L'AFRIQUE, L'AMÉRIQUE, ET DES TERRES POLAIRES.

TOME PREMIER.

A PARIS,

Chez LACOMBE, Libraire, Quai de Conti.

M. DCC. LXVI.

Avec Approbation, & Privilége du Roi.

AVERTISSEMENT.

Rien de plus commun sans doute que des voyages , des descriptions , des histoires de peuples , des relations de voyageurs ; rien de plus rare qu'une bonne collection en ce genre.

Bien des auteurs modernes semblent avoir eu ce projet ; tous en ont manqué l'exécution. Si mettre en évidence les défauts de leur méthode , n'est pas une assurance certaine que notre ouvrage sera meilleur , ce sera du moins une marque du désir que nous avons de les éviter.

Les uns ont borné leurs soins à recueillir les voyages faits dans une partie de l'univers. Ils ont

a

donné une compilation chronologique, où ils ne font pas grace
de la plus petite manœuvre. Une
froide énumération, jour par jour,
du temps qu'il a fait, de ce
qu'on a vu en paſſant, fait le fond
de tout l'ouvrage, & tient lieu de
tout intérêt. S'y trouve-t-il quelque deſcription morale ou hiſtorique ? Elle eſt ſi fort noyée dans
des détails ſtériles & languiſ-
ſans, qu'il faut acheter un inſtant
de récréation par des heures en-
tieres de dégoût & d'ennui. Pour
ſix pages amuſantes ; cinquante
de faſtidieuſes.

Les autres embraſſant un projet
beaucoup plus vaſte, mais aſtraints
à ſuivre un plan étranger, calqué
ſur celui que nous venons d'expo-
ſer, ſont tombés dans les mêmes
inconvéniens. Malgré les char-
mes d'un ſtyle brillant & agréa-

ble, ils nous laissent encore à de-
sirer, sur le même objet, un ouvrage amusant, & beaucoup moins
volumineux.

Ces recueils de voyages ne sont
pas cependant susceptibles de tout
le blâme qu'au premier coup d'œil
ils paroissent mériter. Qu'on exa-
mine avec attention le dessein des
auteurs ; on y appercevra des raisons qui doivent faire excuser la
maniere dont ils l'ont exécuté.
Parmi les motifs qui les ont déterminé, celui de faire un ouvrage agréablement instructif, a, selon toute apparence, été compté
pour rien, ou du moins pour peu
de chose. Les vues particulieres
de toutes ces histoires de voyages,
semblent avoir été d'exciter l'é-
mulation des navigateurs & des
négocians, de leur donner connoissance des pays où ils pou-

voient commercer avec avantage,
& de les inftruire de la route
qu'ils avoient à tenir pour y aborder en fureté. On conçoit aifément qu'en pareils cas, les détails
& la prolixité étoient encore pré-
férables à des omiffions qui pouvoient caufer des erreurs dangereufes.

Telles font les collections de
Ramufio, d'Harckluit, de Pur-
chas, de De Brys, de Laet ; les
recueils de Thévenot, de Conf-
tantin, de Bernard ; l'hiftoire
univerfelle des voyages de Duperrier, & l'hiftoire générale des
voyages.

L'hiftoire naturelle, civile &
morale des pays où les voyageurs
ont pénétré, femble n'être, dans
tous ces ouvrages, qu'un hors
d'œuvre trop minutieux, ou trop
peu étendu, & toujours dénué des

circonſtances néceſſaires pour en donner une idée nette & exacte (*a*). D'un autre côté, la plupart des voyageurs, guidés par l'appâs d'un profit conſidérable, ou encouragés par des ſociétés dont l'intérêt avoit formé les liens, n'ont pas apporté, dans leurs obſervations, cet eſprit curieux

------

(*a*) Voici comment s'exprime à ce ſujet un ſçavant, que l'aménité du caractere rendoit précieux à tous les gens de lettres. » La plûpart des voyageurs, ſoit » François, ſoit Anglois, ſoit Hollan- » dois, contiennent trop de volumes. Ils » renferment en pluſieurs ce qui pour- » roit être réduit à un ſeul, & renfer- » ment en un ſeul ce que l'on réduiroit » aiſément à quelques pages. «c *Recueil de différens traités de Phyſique, par M. Deſlandes, tome III, pag.* 25 *de la préface.*

Voyez auſſi la note huit à la ſuite du Diſcours ſur l'inégalité des conditions, p. 231. *& ſuivantes.*

& philosophique , si utile pour
scruter les ouvrages de la nature.
L'étude pénible d'un pays , de ses
productions , du caractere , du
génie & des mœurs de ses peuples, pouvoit-elle avoir des char-
mes , pour des esclaves de l'intérêt ? pour des gens sans goût , &
sans autres connoissances, que celles relatives à leur profession (*b*).

Depuis plus d'un siecle que les
grandes navigations sont deve-
nues si communes , & qu'on a

––––––––––––––––––––––––

(*b*) Il est inutile, sans doute, d'observer ici que nous considérons les voyageurs
en général. Nous sommes bien éloignés
de soutenir qu'il n'en est aucun qui mérite
d'être distingué de la foule ; mais nous
croyons en même temps que les excep-
tions sont en si petit nombre , que tout
lecteur , versé dans la connoissance des
voyages , pourra très - facilement les faire
lui-même.

étendu le commerce d'un pôle à l'autre, il y a cent fois plus de liaison entre l'Europe & l'Afie, qu'il n'y en avoit jadis entre la Gaule & l'Efpagne. Cependant aujourd'hui on n'en connoît pas mieux les Afiatiques. On fçait que l'Afie produit tels végétaux curieux, tels animaux rares ; on ignore l'hiftoire des hommes, on les connoît à peine ; qu'elle en eft donc la raifon ? Nous allons l'apprendre d'un philofophe fçavant, d'un écrivain auffi refpectable dans fes mœurs, qu'éloquent & nerveux dans fes écrits.

» En même temps, dit il, que » les obfervations deviennent » plus difficiles par la variété » que la communication des peu- » ples a introduite en chaque na- » tion, elles fe font plus négli- » gemment & plus mal. De-là,

» nos recherches dans l'hiſtoire
» naturelle du genre humain,
» manquent de ſuccès. L'inſtruc-
» tion qu'on retire des voyages,
» ſe rapporte à l'objet qui les fait
» entreprendre. Quand cet objet
» eſt un ſyſtême de philoſophie,
» le voyageur ne voit jamais que
» ce qu'il veut voir: quand cet ob-
» jet eſt l'intêret, il abſorbe toute
» l'attention de ceux qui s'y li-
» vrent. Le commerce & les arts,
» qui confondent les peuples,
» les empêchent auſſi de s'étu-
» dier. Lorſqu'ils ſçavent le pro-
» fit qu'ils peuvent faire l'un avec
» l'autre, qu'ont-ils de plus à
» ſçavoir ?... « Plus loin il ajoute
encore. » Si dans quelque pays
» que ce puiſſe être, des curieux
» voyagent à leurs dépens, ce
» n'eſt jamais pour étudier les
» hommes, c'eſt pour les inſtrui-

» re , ce n'eft pas de fcience qu'ils
» ont befoin, mais d'oftentation.
» Comment apprendront - ils ,
» dans leurs voyages, à fecouer
» le joug de l'opinion ; ils ne les
» font que pour elle «.

On peut inférer de ces réfle-
xions, que rien n'eft moins fa-
cile que de donner une bonne
hiftoire des pays connus par les
voyages. Pour faire la defcription
d'une contrée , d'un royaume &
de fes habitans , il eft indifpenfa-
ble de lire non feulement tous les
voyageurs qui y ont abordé, mais
encore les hiftoires générales &
particulieres des états fous la do-
mination defquels ces pays ont
été affujettis, ou les hiftoriens de
ces nations, fi elles font encore
libres. Il faut raffembler les def-
criptions que chacun en a données , comparer leurs rapports

pefer leurs témoignages, balan-
cer enfin le récit hafardé d'un
féul par les affertions contraires
de plufieurs. De cette opération,
il réfultera un enfemble qui fera
l'hiftoire naturelle, civile & morale de cette contrée, & elle aura,
par ce moyen, l'avantage de réunir
la vérité à toute l'exactitude poffible.

Telle eft la méthode que nous
avons adoptée, & l'obligation
que nous nous impofons. Nous
ne l'étendrons cependant pas
à remplir feulement la tâche
de compilateur, ainfi qu'à fait
un auteur moderne (*c*). Souvent un voyageur, ignorant ou
crédule, admire des phénomé-

(*c*) Un écrivain fécond, qui, fous le titre
ronflant d'*Hiftoire générale de tous les peuples du monde*, a donné en quinze volumes
un trifte recueil de froides compilations, plus
propres à exciter l'ennui qu'à l'éloigner.

nes, s'extafie devant des chofes qui lui paroiffent merveilleufes; nous corrigerons ces inconvéniens. Tout ce qui fera marqué au coin du prodige, fera difcuté fcrupuleufement. Nous nous appliquerons, autant qu'il fera en nous, à en rechercher les caufes, démontrer fa poffibilité, ou à rapporter les raifons qui doivent le faire rejetter comme fabuleux.

L'hiftoire naturelle furtout eft, dans tous les voyageurs, très-peu exacte. Ils dénaturent fouvent les efpeces, changent les genres, confondent les claffes, renverfent enfin l'économie admirable de la nature dans toutes fes productions, & l'ordre établi pour éviter la confufion. Un de nos objets principaux fera d'éclaircir leurs relations fur ces différens points. Les maîtres, que

nous avons dans cette partie, fe-
ront confultés, & nous ferviront
à ranger dans l'ordre convenable , à décrire au vrai les animaux trop légérement obfervés ,
ou mal-à-propos confondus avec
ceux d'une efpece ou d'une claffe
différente. S'il arrivoit que le
plan de notre ouvrage ne put
admettre de longues difcuffions
à cet égard , nous aurons foin
d'indiquer les naturaliftes qui
pourront fournir toutes les connoiffances defirables.

Nous en uferons de même
quant à la botanique & à la minéralogie ; mais nous ne diffimu-
lons pas qu'il s'y trouve de grandes difficultés. De toutesles parties d'hiftoire naturelle, ce font ,
fans contredit , les plus négli-
gées par les voyageurs. Parmi
trente perfonnes qui ont parcouru
un pays , il s'en trouve à peine

deux ou trois qui ont jetté les yeux fur les plantes , les pierres , les minéraux , & qui en ont décrit quelques-uns. Heureux encore fi , dans leurs relations , on peut reconnoître les objets dont ils veulent parler. Souvent une légere omiffion met le connoif-feur en défaut , & le jette dans une incertitude très – difficile à fixer. Nous ne préfumons pas affez de nos forces pour affurer que nous traiterons cette partie de façon à ne rien laiffer à defirer. On fera enforte de rectifier les an-ciennes erreurs des relateurs, & de ne pas donner lieu à de nouvelles.

Nous n'offrons ces deux volu-mes au public, que pour avoir droit de le confulter , & pour mériter des avis qui puiffent nous indi-quer une voie affurée pour par-venir au but que nous nous pro-pofons.

A près avoir annoncé que notre
deffein eft de donner un ouvrage
intéreffant, agréable & utile, il
importe, fans doute, d'indiquer
la route que nous tiendrons pour
le conduire à fa fin.

Des détails de géographie entraînent ordinairement une prolixité féche & rebutante. Nous
nous fommes efforcés de parer à
ces défauts, en banniffant de notre ouvrage toute longue defcription géographique , hydrogra-
phique & particuliere ; nous n'en
n'avons rapporté précifément que
ce qui nous a paru néceffaire pour
donner aux lecteurs des notions
juftes & précifes de la fituation
& de la grandeur des états dont
nous décrivions les habitans , &
les productions.

Pour définir en peu de mots
cet ouvrage , nous prévenons

qu'il contiendra une analyſe rai-
ſonnée & exacte de l'hiſtoire naturelle, morale, civile & politique de tous les pays avec leſquels
nous n'avons aucune relation di-
recte, ou qui ſont ſi éloignés qu'on
n'en a que des connoiſſances vagues, incertaines, ou éparſes en
divers auteurs. L'Europe, par
conféquent, ne fera pas partie
de nos deſcriptions.

Mais comme la connoiſſance
des objets dont nous venons de
parler, tient plus à l'amuſement
particulier qu'à l'utilité générale,
nous y ajouterons la peinture des
arts, des ſciences, du commerce
& des manufactures de tous les
peuples dont nous traiterons.
Afin de répandre un intérêt plus
vif ſur le tableau général que nous
avons deſſein d'offrir, nous aurons attention de n'y employer

que les couleurs les plus vraies, & les traits les plus piquans par leur singularité. Ce qui nous paroîtra nouveau & remarquable par son opposition à nos coutumes, à nos loix, & aux méthodes généralement adoptées, pourra seul trouver place dans ce recueil. Ce n'est pas simplement un extrait des voyages, un abrégé d'histoire des peuples. Nous avons l'ambition de prétendre à offrir un ouvrage neuf dans son genre. A cet effet, nous avons eu soin de recourir à des manuscrits anciens, aux auteurs originaux, & à différentes relations peu connues en France, & écrites en des langues étrangeres.

Quant à la disposition de notre plan, voici de quelle maniere nous l'avons faite.

La surface du globe étant divifée communément en cinq Zones (*e*) ; c'eſt en adoptant cette divi- ſion, que nous commencerons par parler des pays ſitués dans la Zone froide ſeptentrionale. Nous trai- terons enſuite de ceux qui ſe trou- vent dans la Zone tempérée, en deçà de l'équateur. Cet ordre

____

(*e*) Quelques perſonnes éclairées, nous ayant obſervé que notre ouvrage embraſ- ſant des objets de géographie, il conve- noit, pour en rendre la diſpoſition plus lumineuſe, l'exécution plus préſente, & les définitions plus intelligibles, de faire connoître d'abord le globle terreſtre, ſes diviſions & ſes meſures ; nous nous ſom- mes fait un devoir de déférer à des conſeils auſſi eſtimables & dictés par l'amitié. C'eſt ce qui nous a engagé à placer, à la ſuite de cet avertiſſement, une introduction gé- nérale, où nous avons raſſemblé les no- tions néceſſaires pour l'intelligence de la partie géographique, à ceux qui n'ont pas une étude de cette ſcience.

nous menera à passer successivement en revue la Zone torride, la
Zone tempérée au-delà de l'équateur, & à finir par la Zone froide
méridionale.

La description de chaque Zone
sera précédée d'une courte introduction, où nous indiquerons les
noms des principaux états qui se
trouvent situés dans cette Zone.
L'énumération de ces états sera
dans l'ordre que nous suivrons
pour les décrire.

Dans le cas ou un royaume, un
état, se trouveroit situé dans deux
Zones différentes ; la description
en sera donnée dans la Zone qui
en contiendra la plus grande partie.

Dans toutes ces descriptions,
il ne sera question que de notre
continent, & des isles qui sont
censées y appartenir. Lorsque

nous aurons entiérement rempli notre deſſein à cet égard , nous nous occuperons de l'hiſtoire naturelle de l'Amérique. La date des découvertes qui s'y ſont faites, nous tracera le plan que nous aurons à ſuivre dans cette partie.

Servir la curioſité, délaſſer l'eſprit , & inſtruire agréablement par une collection de faits choiſis, par des recherches amuſantes & curieuſes ; tel eſt le but que nous nous propoſons dans notre travail. C'eſt au public à prononcer ſi nous ſommes dans le véritable chemin qui conduit à ce terme. Nous n'avons pas la témérité de nous flatter de ſéduire ſon goût par un ſtyle brillant. Nous avouons hautement que cette tâche eſt au-deſſus de nos forces ; mais nous oſons aſſurer que nous ferons tous nos efforts , pour donner à notre ouvrage le mérite ſimple de remplir ſon titre autant qu'il ſera poſſible.

On donnera ſucceſſivement deux Volumes tous les ſix mois.

INTRODUCTION
GÉNÉRALE,
O U
NOTIONS PRÉLIMINAIRES

*Du globe terrestre, de ses divisions, &
ses mesures.*

LE premier devoir d'un écrivain
étant de se rendre intelligible à
tout le monde, il nous a paru convenable, pour prévenir tout re-
proche à cet égard, de donner
une légére définition du globe
terrestre, & des expressions employées dans les descriptions que
l'on en fait, comme *équateur,
horison, degré, latitude, longitude, &c.*

La géographie eſt proprement
la connoiſſance de ces deſcriptions, & l'art de les faire. Que
cette connoiſſance mérite, à pluſieurs égards, le nom de ſcience,
& qu'elle ſoit en même temps
utile & agréable, c'eſt une vérité ſi univerſellement reconnue,
qu'il ſeroit inutile de ſe mettre
en devoir de la prouver. Perſonne n'ignore combien elle procure d'avantages aux philoſo-
phes, aux hiſtoriens, aux politi-
ques, à ceux mêmes qui n'ont
aucune teinture des belles - lettres.

Le mot géographie vient de
deux mots Grecs, qui ſignifient
je décris la terre. On entend par-
là expliquer la ſituation, les diviſions, & ſubdiviſions de tous
les pays remarquables, qui ſont
diſtribués ſur la ſurface du globe

terreſtre. Telle eſt la premiere partie de cet ouvrage, & c'eſt ce qui rend, par conſéquent, né-ceſſaire la définition des termes conſacrés à cette ſcience.

La philoſophie naturelle eſt ce qui conſtitue l'autre partie de ce plan ; elle marche naturellement à la ſuite de la géographie. Nous avons ci-devant expliqué qu'elles ſont les différentes branches de cette ſcience. C'eſt des recherches amuſantes de celle-ci, que la géo-graphie tire ſon luſtre, & reçoit les plus agréables ornemens. Ce ſont des fleurs éparſes dans une forêt. On ne feroit que la tra-verſer rapidement ; on s'y repoſe volontiers pour conſidérer les agrémens qui l'embelliſſent.

» Ce n'eſt pas un petit plaiſir, » ni un avantage à négliger, dit » un géographe moderne, que de

» parcourir l'étendue des mers,
» examiner les beautés des diffé-
» rentes régions de l'univers, en
» connoître les habitans, les pro-
» ductions, s'instruire enfin, en
» volant d'un pôle à l'autre, sans
» sortir de son cabinet, ni essuyer
» les injures des temps, & les
» incommodités des voyages. «
Tel est justement le plaisir que
nous tâcherons de procurer au
lecteur.

DU GLOBE TERRESTRE.

Le globe terrestre est une boule
composée de la terre & de l'eau,
& suspendue au milieu de l'air
qui l'environne de toutes parts.
On peut y distinguer quatre choses, sa figure, sa situation, sa
grandeur, & ses divisions.

Il suffit d'ouvrir les yeux, pour
se convaincre que la terre est
ronde d'orient en occident. Le
foleil

foleil conféquemment ne doit ni
fe lever , ni fe coucher au même
endroit pour tous les peuples du
monde. C'eft auffi ce qui arrive.
Toutes les différentes régions
font fucceffivement éclairées , &
dans le même moment ; de façon
qu'on peut dire qu'il eft toute
heure en tout temps. Par exemple , il eft à la fois midi dans un
endroit, une heure dans une autre, deux heures ailleurs, & ainfi
des autres. Si la terre étoit plate ,
en quelque lieu que l'on fût placé , on verroit les aftres fe lever
& fe coucher, les éclipfes fe montrer par-tout au même inftant ;
ce qui eft contraire aux obfervations & à l'expérience.

La Terre.

La Terre paroît auffi ronde du
feptentrion au midi. Si l'on voyage

du côté du fud, on découvre des étoiles que l'on ne voyoit pas, il s'en cache du côté du nord que l'on appercevoit, *& vice verfâ.*

En un mot, de quelque côté que l'on avance, on voit changer l'élévation du pole. Toutes les vingt-cinq lieues, il paroît séle-ver du côté où l'on va, & baif-fer du côté que l'on quitte, d'un degré.

On ne doit pas croire que les montagnes, qui font à la furface de la Terre, puiffent empêcher de dire qu'elle foit ronde. La plus élevée n'a qu'une lieue au plus de hauteur perpendiculaire, tandis que la Terre a deux mille huit cens foixante lieues de diamétre, ou neuf mille lieues de circonféren-ce. Ainfi les plus hautes monta-gnes que portent la Terre, ne nui-fent pas plus à fa rondeur, que les petites inégalités, qui se trouvent sur l'écorce d'une grosse orange, empêchent qu'elle ne soit ronde.

L' E a u.

L'Eau a aussi une figure sphérique. Quand on abandonne le rivage, les montagnes, les pointes des clochers, les terres les plus élevées, semblent rentrer dans le sein des eaux ; & plus on s'éloigne, plus elles semblent se cacher, jusqu'à ce qu'elles disparoissent tout-à-fait. Au contraire, en approchant de terre, on commence par appercevoir le sommet des montagnes, les tours d'une ville : le reste ne se découvre qu'à mesure que le vaisseau en approche. De-là, on doit conclure que la figure de l'Eau est aussi sphérique ; car si elle étoit plate, on perdroit de vue tout à la fois les montagnes & le rivage.

Quoique la Terre soit fort grande, par rapport à nous, elle n'est cependant qu'un point, comparée à l'immensité des Cieux. On peut facilement concevoir leur étendue infinie, puisqu'en quelque endroit de la Terre que l'on soit, on voit la moitié du Ciel ; & qu'une étoile dans l'horison, est vue des deux antipodes, c'est-à-dire, des peuples opposés.

La premiere observation qui se présente, en traitant du Globe, regarde son axe & les poles.

L'Axe.

L'Axe est une ligne que l'on imagine passer par le centre du Globe, & sur lequel on suppose que tourne toute la machine.

Les Poles.

Les Poles sont les deux extré-

mités de l'Axe, dont l'un eſt pa-
pellé *Pole du nord*, ou *arctique*,
& l'autre le *Pole du ſud*, ou *antarctique*. Ce ſont les deux points
autour deſquels les Cieux ſemblent tourner. On les appelle
Poles d'un mot Grec, qui ſignifie, *je tourne*. Ces deux Poles
ſont les ſeuls points de l'Univers
qui ſoient immobiles.

DIVISIONS ET SUBDIVISIONS DU GLOBE.

Le Globe étant, ainſi que nous
l'avons dit, un corps ſphérique
qui tourne ſur ſon propre Axe,
il eſt néceſſaire, pour mieux en
concevoir toutes les parties exté-
rieures, & les opérations qui s'en-
ſuivent, de ſuppoſer ſa ſphérici-
té, comme compoſée & envelop-
pée de pluſieurs cercles imaginaires, dont il y a huit principaux.

On peut divifer le Globe ,

1°. En cercles qui répondent à ceux du Ciel , & qui font repréfentés dans la fphére Armillaire (*a*).

2°. En Zones.

3°. En Climats.

4°. Par longitude & latitude.

5°. Par la diverfité des ombres.

6°. Par la diverfe fituation de fes habitans.

Les Cercles que l'on feint fur

(*a*) La fphére eft une machine compofée de points, de lignes & de cercles, qui fert à repréfenter les mouvemens que l'on fuppofe dans les cieux, & le rapport qui fe trouve entre les parties céleftes & les terreftres.

On la nomme Armillaire, du mot latin *Armilla*, qui fignifie braffelet, parce que les cercles qui la compofent l'entourent comme des braffelets.

la Terre, font quatre grands & quatre petits.

Les grands font l'Equateur, le Zodiaque, le Méridien & l'Horifon, qui ont un centre commun avec le Globe. Les deux derniers en font détachés.

Les quatre petits font les Tropiques, & les Cercles polaires qui font paralelles à l'Equateur, & entre eux. Leur centre n'eft pas le même que celui du Globe.

Tous ces Cercles, foit grands, foit petits, fe divifent en trois cens foixante parties, qu'on nomme degrés. Chaque degré fe partage en foixante minutes, la minute en foixante fecondes ; on continue ainfi la fous-divifion, autant qu'on le juge néceffaire.

L'EQUATEUR OU LA LIGNE.

L'Equateur terreftre eft un

grand cercle qui répond au cé-
leste. Il est également distant des
deux poles, & coupe le Globe en
deux parties, ou deux hémisphé-
res, l'un septentrional & l'autre
méridional : on le nomme simplement *la ligne*, ou *la ligne équi-*
noxiale ; parce que, quand le soleil paroît arriver à ce cercle, il
se fait équinoxe ; c'est-à-dire ,
que les jours sont égaux aux nuits
pour tous les habitans de la terre,
excepté pour ceux qui habitent
sous les poles.

Les peuples qui habitent l'hémisphére septentrional , ont les
saisons contraires à celles des habitans de l'hémisphére méridional. Quand les uns ont l'été, les
autres ont l'hiver.

Les principaux usages de l'E-
quateur terrestre , sont de marquer la latitude de quelque lieu

de la terre que ce foit, c'eſt-dire, l'éloignement de ce même lieu de la ligne, qui ne peut être que de quatre-vingt-dix degrés. Les trois cent foixante parties ou degrés qui forment la diviſion de la Ligne, font le tour du Globe. Chaque degré vaut vingt-cinq lieues communes de France.

LE ZODIAQUE.

Le Zodiaque terreſtre eſt un grand cercle repréſenté ſur le Globle par une ligne nommée Ecliptique. Il eſt, comme le céleſte, placé obliquement entre les deux poles, & touche les Tropiques en deux points oppoſés ; de façon que chacune de ſes extrémités eſt éloignée, comme les Tropiques, de vingt-trois dégrés trente minutes des poles du monde. L'Ecliptique eſt coupé en deux parties feptentrionale & méridionale. L'une & l'autre ont chacune fix fignes, dont les figures font ordinairement repréfentées fur l'horifon qui enveloppe la fphére.

Les principaux ufages de ce cercle font :

1°. De marqner fous quel figne célefte eft placée chaque région de la terre. 2°. De faire connoître quels peuples ont pendant l'année le foleil directement fur leur tête. 3°. Enfin, de caufer, par fon obliquité, la variété des faifons, & l'inégalité des jours & des nuits.

L' H O R I S O N.

L'Horifon eft un grand cercle qui partage la fphére en deux hémifphéres, l'un fupérieur que l'on voit, & l'autre inférieur qu'on ne peut voir. Il tire fon nom d'un mot grec, qui veut dire *borneur* ou *terminateur*. Ce cercle eft immobile.

Il y a deux fortes d'Horifon, le fenfible & le rationel.

Le premier eft le plus grand efpace que l'on peut découvrir, lorfque l'on eft en pleine campagne, ou fur mer. Le fecond, ou l'Horifon rationel eft imaginé par l'efprit, & fuppofe un œil placé au centre de la terre, qui apperçoit l'hémifphére fupérieur du firmament : le cercle, qui termine ce point de vue, eft appellé le véritable Horifon, ou l'Horifon rationel.

ZENITH ET NADIR.

L'Horifon fenfible fe multiplie à l'infini : chaque pas que l'on fait on change d'Horifon, & l'on

se trouve toujours au centre : les
deux points opposés s'appellent
Zénith & Nadir , & servent de
poles à l'Horison. Le point des
Cieux , qui répond exactement
au-dessus de la tête du spectateur ,
est le Zénith ; l'autre point , qui
est diamétralement opposé à celui-ci , se nomme Nadir.

Ce cercle sert à marquer le lever & le coucher des astres. Ils
sont censés levés & couchés , selon qu'ils sont au-dessus ou au-
dessous de ce cercle.

A régler la longueur du jour ,
qui est précisément le temps que
le soleil emploie à parcourir l'Horison.

LE MÉRIDIEN.

Le Méridien est un grand cercle qui coupe la sphére en deux
parties égales , l'une orientale &

l'autre occidentale. Il paſſe par les deux poles du monde, & par le Zénith & le Nadir du lieu, dont il eſt le Méridien. Ainſi, le Méridien ne peut être déterminé que relativement à quelque lieu de la terre. On l'appelle Méridien, parce que, lorſque le ſoleil paſſe ſur l'Horiſon, & qu'il ſe trouve dans ce cercle, il eſt midi pour tous ceux qui ſont deſſous.

Points cardinaux du monde.

Les points où le Méridien coupe l'Horiſon rationel, ſont le Septentrion & le Midi; & les points où l'Equateur coupe le même Horiſon, ſont l'Orient & l'Occident. C'eſt ce qu'on appelle les quatre Points cardinaux, qui ſont l'Orient ou l'Eſt, l'Occident ou l'Oueſt, le Septentrion ou le Nord, & le Midi ou le Sud.

Pour connoître ce cercle dans la sphére naturelle, il faut imaginer la moitié d'un grand cercle, paſſant par le centre du ſoleil à l'heure de midi, & par le Zénith du lieu où l'on eſt, & allant ſe terminer de côté & d'autre à l'Horiſon. Ce demi-cercle, qui diviſe la moitié viſible du Ciel en deux parties égales, eſt véritablement le Méridien de ce lieu : l'autre demi-cercle eſt le Méridien des Antipodes.

L'uſage principal du Méridien eſt de faire connoître le commencement du jour naturel, qui eſt de vingt quatre heures : les Aſtronomes le font commencer à midi, & finir à l'autre midi, au lieu que communément on le fait durer depuis minuit juſqu'à l'autre minuit : d'indiquer la hauteur, ou l'élévation du pole, &c.

LES COLURES.

On considére encore deux grands cercles , qu'on appelle Colures. Ils paffent par les poles du monde, s'y coupent à angles droits, & partagent le Zodiaque en quatre parties égales. Ils fervent principalement à marquer fur l'Ecliptique les quatre points du Ciel où fe font les changemens de faifons, c'eft-à-dire , les équinoxes & les folftices.

LES TROPIQUES.

Les Tropiques font deux petits cercles paralelles à l'Equateur , dont ils font éloignés chacun de vingt-trois degrés & demi. On les nomme Tropiques , c'eft-à-dire , cercles de converfion & de retour ; parce que la terre étant arrivée à l'un de ces cercles, retourne vers l'Equateur.

Le cercle de la partie septentrionale se nomme le Tropique du Cancer, il marque les plus longs jours des habitans de cet hémisphére. Celui de la partie méridionale est appellé Tropique du Capricorne ; il marque les plus courts jours des habitans du nord, & les plus grands de ceux du midi.

Les usages principaux des Tropiques, sont de marquer la route de la terre, & de terminer l'espace qu'elle parcourt. Elle s'avance successivement vers l'un, & de-là retourne vers l'autre : de faire connoître les quatre points collatéraux, l'orient & l'occident d'été & d'hiver.

LES CERCLES POLAIRES.

Les Cercles polaires ſont ſitués à vingt-trois degrés & demi du pole. Ils ſont auſſi paralelles à l'Equateur. On les appelle polaires, parce qu'ils ſont près des poles du monde.

L'un ſe nomme Cercle polaire *arctique*, & l'autre Cercle polaire *antarctique*, relativement à leur poſition reſpective près du pole du nord, & près de celui du ſud. Ils ſéparent les Zones froides des Zones tempérées.

DÉFINITION DES ZONES.

Ces quatre petits Cercles ſervent à diviſer toute la ſurface du Globe en cinq bandes, ou ceintures, que l'on appelle Zones.

Ces Zones ſont de larges eſpaces de terre compris entre les deux

Tropiques, & entre ces Cercles & les polaires. On les appelle *Zones* d'un mot grec qui veut dire *ceinture*, parce que la terre étant ronde, elles forment autour d'elle une espece de ceinture qu'on imagine envelopper le Globe d'orient en occident.

On distingue, ainsi que nous avons dit, cinq de ces Zones ; deux froides, deux tempérées & une torride.

ZONE TORRIDE.

La Zone nommée *Torride*, ou *brûlante*, à cause des chaleurs excessives occasionnées par le soleil, est l'espace compris entre les deux Tropiques ; ce qui fait toute l'étendue du Zodiaque. L'Equateur passe par le milieu de cette Zone, & la divise en septentrionale & méridionale ; elle a quarante sept

degrés de la largeur , c'eſt-à-dire , qu'elle occupe onze cent ſoixante quinze lieues communes de
France , de vingt-cinq au degré.
Elle comprend preſque toute l'A-
frique & une petite partie de l'A-
ſie , où ſe trouvent le royaume de
Siam , l'Inde , &c. & environ le
tiers de l'Amérique.

Les anciens ont cru cette Zone
inhabitable par rapport aux grandes chaleurs, cependant elles n'y
ſont point auſſi exceſſives qu'on
le croiroit. L'été , pendant lequel
nous éprouvons les plus fortes
chaleurs , & qui devroit brûler
les habitans de cette Zone , eſt
réellement leur hiver. Pendant
ces trois mois , ou il y pleut continuellement , ou l'air eſt ſi chargé
de brouillards , que c'eſt la ſaiſon
la plus froide qu'ils éprouvent.
Pluſieurs auteurs , dignes de foi ,

rapportent une chose assez singu-
guliere. C'est qu'il y a des endroits dans la Zone Torride qui
se trouvent dans un pareil éloignement du soleil, & dans les
même mois de l'année, l'hiver &
l'été ne sont séparés que par une
montagne comme celle de Gatte,
dans la presqu'isle de l'Inde, en-
deça du Gange (*b*).

ZONES TEMPÉRÉES.

Les Zones qu'on nomme Tempérées, parce qu'elles sont exemp-
tes des excessives chaleurs, & des
grands froids principalement,
dans le milieu, sont les espaces
compris entre les Tropiques &
les Cercles polaires ; on les distingue en septentrionale & méridionale.

(*b*) Histoire naturelle, *tome II*, *édit.*
in-12, *pag.* 256.

ZONE SEPTENTRIONALE.

Elle s'étend depuis le Tropique du Cancer , jusqu'au Cercle polaire arctique. Elle comprend toute l'Europe , une grande partie de l'Asie, & la moitié de l'Amérique.

ZONE MERIDIONALE.

Celle - ci est renfermée entre le Tropique du Capricorne & le Cercle polaire antarctique. Elle ne comprend , dans notre continent, que le Cap de Bonne-Espérance , qui fait partie de l'Afrique , & l'isle de la nouvelle Hollande ; la partie de l'Amérique , où sont le Paraguay, le Chily , jusqu'au Cap de Horn.

Chacune de ces Zones a quarante trois degrés de largeur, qui font mille soixante quinze lieues communes.

Les habitans des Zones Tempérées ont deux solstices & deux équinoxes. La longueur, la briéveté des jours & des nuits, le froid & le chaud varient à proportion de leur proximité ou de leur éloignement de l'Equateur & des poles.

ZONES FROIDES.

Les Zones qu'on nomme *Glaciales*, se divisent aussi en septentrionale & méridionale, ou boréale & australe : Elles ont chacune vingt-trois degrés & demi de largeur, c'est-à-dire, cinq cent quatre vingt-sept lieues de vingt-cinq au degré. Les terres qu'elles comprennent sont appellées terres *arctiques* ou *antarcti-*

ques, suivant leur pofition refpective.

CLIMATS.

Chacune de fes Zones fe fubdivife encore en Climats de mois & de demi-heure ; mais nous ne nous y arrêterons point , ils feroient d'un trop long détail. On peut les voir dans tous les traités de Géographie , & particuliérement dans l'eftimable ouvrage de M. Buy de Mornas fur la Cofmographie.

La définition des mefures qu'on appelle latitude & longitude, va terminer cet abrégé.

LATITUDE.

Quoiqu'à proprement parler la terre n'ait ni longueur ni largeur, on fuit encore la maniere de parler des anciens , qui comptoient la longueur de la terre d'orient en

occident , & fa largeur du feptentrion au midi. Ainfi, par Latitude , on entend un efpace compris entre deux cercles paralelles
à l'Equateur : la Latitude d'un
lieu , eft l'arc du méridien compris entre l'Equateur & ce lieu.

Les degrés de Latitude qu'on
nomme paralelles , font toujours
égaux à l'élévation du pole; parce
que la diftance de l'Equateur au
point vertical d'un lieu , eft toujours égale à l'élévation du pole
fur l'horifon de ce lieu. On compte quatre vingt dix degrés depuis
l'Equateur jufqu'à l'un ou l'autre
pole.

Il y a par conféquent deux La-
titudes , une feptentrionale , &
une méridionale, qui fe prennent
en allant vers les deux poles.

Les lieux qui font fous l'Equateur n'ont point de Latitude : les

poles

poles font pour eux dans le plan de leur horifon. Mais qu'un homme parte de deffous l'Equateur, & avance vers un des poles, (vers le pole feptentrional, par exemple) à mefure qu'il avancera, fon horifon s'abaiffera au-deffous du pole ; &, par conféquent, le pole s'élévera du même nombre de dégrés qu'il aura parcourus, depuis fon départ de la ligne. S'il a parcouru près de quarante neuf degrés, il fe trouvera à Paris, qui a le pole élevé de près de quarante neuf degrés fur fon horifon ; c'eft-à-dire, que la Latitude de Paris eft de près de quarante neuf degrés. Il eft aifé de concevoir, par-là, que la Latitude d'un lieu eft la même chofe que la diftance de fon Zénith à l'Equateur.

LONGITUDE.

La Longitude eſt la diſtance qu'il y a de ce lieu au premier Méridien : l'arc compris entre ces deux endroits eſt plus ou moins grand, à meſure que l'on s'approche ou que l'on s'éloigne de l'Equateur.

Comme on ne ſçauroit aller d'orient en occident ſans changer de Zénith & de Nadir, il y a auſſi une infinité de Méridiens.

Il étoit arbitraire de prendre, pour premier Méridien, tel Méridien qu'on auroit voulu ; mais tous les peuples, qui font des voyages de long cours, ont choiſi un premier Méridien, qui ſert invariablement à diriger leurs navigations, & à déterminer la route qu'ils veulent tenir.

Comme la Longitude ſe compte d'occident en orient, en commençant au premier Méridien , il doit être placé dans la terre la plus occidentale. Toutes les nations n'ont pas le même Méridien. Les Anglois font paſſer le leur par le Cap-Lézard ; les Eſpagnols par Toléde (c) ; & les François, ainſi que les anciens, font paſſer le leur à *l'isle de Fer*, la plus occidentale des Canaries. Cette poſition fut établie en France , le 25 avril 1634, par ordre de Louis XIII. Cependant on

---

(c) Cette nation compte les longitudes d'orient en occident, depuis la découverte de l'Amérique. » Ce calcul, dit un eſtima-
» ble écrivain, connu par différens bons
» ouvrages ſur la Coſmographie , eſt plus
» naturel & bien moins embarraſſant ;&
» je ſuis ſurpris que les autres nations ne
» ſuivent pas l'exemple des Eſpagnols «.
Elémens de Coſmographie, pag. 202.

compte encore les degrés de Longitude par la Méridienne de Paris.

Pour bien diſtinguer la Longitude de la Latitude, on doit obſerver, que de deux dimenſions inégales d'une ſurface, la plus grande prend le nom de *longueur* ou longitude ; & la plus petite, celui de *largeur* ou de latitude. Un lieu ne peut jamais avoir plus de quatre-vingt-dix degrés de latitude, & même pour cela il faudroit qu'il fût ſous le pole même ; au lieu que, pour trouver ſa longitude, il faut quelquefois décrire un cercle paralelle à l'Equateur, & dont la circonférence pourroit avoir preſque trois cent ſoixante degrés.

Quant à la diverſité des ombre & à celles des ſituations des habitans de la terre, par laquelle on diviſe encore le Globe, nous ne croyons pas devoir nous en occuper. On peut avoir recours à l'ouvrage que nous avons cité au sujet des climats.

INTRODUCTION
PARTICULIERE.

La divifion du plan que nous nous fommes propofé de fuivre , nous oblige à commencer fon exécution par une Zone qui n'eft rien moins que gracieufe. Un début fi peu avantageux , ne manqueroit pas , fans doute , d'infpirer des préjugés défavorables à notre travail , fi nous nous étendions trop fur des régions fi affreufes pour toute perfonne qui n'y eft pas née.

Afin de nous ménager donc la bienveillance de nos lecteurs , nous nous hâtons de les prévenir que nous ne nous occuperons de ces climats rigoureux que le moins qu'il nous fera poffible , & feulement autant que le comportera le plus ftrict attachement à nos promeffes. Par-là , ils ne fe trouveront arrêtés , dans ces terres fi peu agréables , qu'autant de temps qu'il nous en faudra pour faire paffer fous leurs yeux ce qui peut y mériter leur attention. Nous tâcherons auffi de la diriger avec affez de précaution & de rapidité, pour que nos récits ne participent pas aux inconvéniens de ces pays glacés dont nous allons traiter.

DE LA ZONE FROIDE,
BORÉALE.

La Zone Septentrionale ou Boréale, est cette bande de terre renfermée entre le Cercle polaire, & le pole septentrional du monde. Elle commence au soixante-sixiéme degré & demi de latitude, & finit au quatre-vingt-dixiéme.

On trouve d'abord, dans cette Zone, les terres arctiques, qui tirent leurs noms de leur voisinage du pole arctique ; telles sont :

Le Spitzberg,
L'isle Mayen,
Le Groenland,
L'Islande,
& la Nouvelle-Zemble.

Les autres pays situés dans la Zone Boréale, sont :

La Lapponie,
La Samojedie,
& la Sybérie en partie.

MÉLANGES.

MÉLANGES
INTÉRESSANS ET CURIEUX,

OU

ABRÉGÉ

D'HISTOIRE NATURELLE,

MORALE, CIVILE, ET POLITIQUE

DES TERRES ARCTIQUES.

DU SPITZBERG. (a)

IL paroît, par le rapport de tous les voyageurs, que cette terre est une Isle

(a) La description que nous donnons ici est tirée du Journal de Fréderic Martenz, Hambourgeois, qui entreprit le voyage de Spitzberg, à la sollicitation de la Société Royale de Londres. Ses observa-

qui s'étend depuis le ſoixante & ſeiziè-
me degré de latitude , juſqu'au qua-
tre-vingtième (*b*) : ce qui fait cent
lieues communes de France.

On croit que le nom de Spitzberg
lui a été donné à cauſe des montagnes
aigues qui s'y trouvent ; ou, peut-être,
parce que le Capitaine Hollandois qui
l'a découverte , s'appelloit Spitzberg.

L'excès du froid qui règne dans cette Iſle , la rend abſolument inhabitée.
Elle eſt remplie de montagnes toutes
couvertes de glace & de neige ; ces
montagnes ſont ſi élevées , qu'on les
découvre de douze milles en mer (*c*).
Lorſque le temps eſt couvert , leurs
ſommets ſe perdent dans les nuages.
Quelques-unes ne ſont formées que

____

tions paroiſſent faites avec beaucoup de ſoin. *Voy.*
le Recueil des Voyages au Nord par Bernard, Am-
ſterdam , 1715 , tom. II . pag. 12. Voyez auſſi le Re-
cueil de Debrys ; India Orientalis , pars II , in fol.
Francofurti, 1619 *, pag. 47.*

(*b*) Géographie d'Hubner , Docteur en Droit,
à Hambourg , tome 4 , édition de Baſle , 1757.

(*c*) Les douze milles font ſix lieues de Paris.

d'une seule pierre depuis le bas jufqu'en haut, & paroiffent comme des
murailles ruinées. Cette pierre a des
veines de diverfes couleurs, ainfi que
le marbre; & donne, en forme d'exu-
dation, une eau qui colore la neige
en rouge. Entre ces montagnes naturelles, il s'en élève d'autres, formées
par la glace, & auffi hautes que les
premières La neige, qui couvre toutes
ces montagnes, donne une lumière
auffi vive que le Soleil, dans un temps
ferein. La couleur bleue de ces éminences de glace, coupée par une couleur de feu qu'offre le pied des montagnes naturelles, l'éclat de la neige,
les crévaffes qui fe trouvent dans les
rochers, & qui font une ombre dans
cette blancheur, forment un fpecta-
cle des plus agréables à la vue (d).

(d) Un gentilhomme Efpagnol, naturalifte,
fçavant & curieux, nommé Léonin, ayant fait un
voyage au Spitzberg, par ordre du Grand Chance-
lier de Dannemarck, à qui il étoit attaché, en donne une autre defcription. On peut la voir dans
l'Hiftoire naturelle de M. de Buffon, tome II, de

C'eſt le pays du monde le plus froid : les cadavres ne s'y conſomment pas aiſément. Un corps qui avoit été enterré dix ans auparavant, ainſi que l'indiquoit une croix placée ſur ſa ſépulture, fut trouvé très-ſain : il ne paroiſſoit aucune altération ſur ſa figure, ni même dans ſes habillemens.

En 1633, les Hollandois laiſsèrent dans cette Iſle ſept des leurs, pour prendre connoiſſance du pays & des avantages qu'on pouvoit en retirer. Ces hommes qui y avoient très-bien paſſé l'hiver, furent remplacés en 1634 par ſept autres, qui moururent tous. Au bout de vingt ans leurs corps furent trouvés encore très-frais (e). L'été y eſt très-court. Pendant trois mois, on n'y diſtingue point la nuit

---

l'edit. in 12, pag. 93. Cette différence vient apparemment de ce que cet Eſpagnol aborda à la Baye de Rehenfelt, dont parle Martenz. Celui-ci dit que c'eſt la terre la plus baſſe du Spitzberg, ou plutôt que c'eſt une carrière d'ardoiſe dont les tranchants rendent l'accès très-difficile.

(e) Voyez l'Atlas hiſtorique de Blacu.

d'avec le jour (*f*), si ce n'eſt que la
lumière du Soleil, pendant le temps
de la nuit, reſſemble à un beau clair
de Lune, & qu'on peut fixer ce premier aſtre, auſſi aiſément que le ſecond. Alors on ne voit jamais ſur l'horiſon que la moitié, ou un peu plus,
du diſque de la Lune (*g*). Pendant
trois autres mois, le Soleil ne ſe montre pas du tout (*h*). La Lune en ce
temps paroît pleine, & reſte pluſieurs
jours ſur l'horiſon. Toutes les vingt-
quatre heures, un crépuſcule éclaire
pendant quelque temps, & eſt auſſitôt remplacé par l'aurore boréale. (*i*).

(*f*) Notre Voyageur obſerve que, depuis le 3
de mai, le Soleil parut continuellement ſur l'hori-
zon, juſqu'au deuxième d'août, qu'il le vit coucher pour la première fois.

(*g*) On peut en voir la raiſon dans Varenius,
Geographia generalis, *lib. II, pag.* **359** ; *édit. Cant-
bridge,* **1681**.

(*h*) Des Anglois qui y paſſèrent l'hiver en
1634, rapportent que le Soleil ſe coucha le 20 octobre, & ne reparut que le 24 de février **1635**. *Varenius : idem pag.* **361**.

(*i*) Nous en donnerons la deſcription à l'article
du Groenland ci-après.

A iij

Malgré la préſence continue du Soleil , pendant trois mois , dans ce climat, la chaleur ne s'y fait ſentir que
très-peu de temps. A la fin de mai ,
cet aſtre a ſi peu de force , & le froid
eſt ſi piquant, qu'il fait tomber les lar-
mes des yeux. On a vu auſſi le 13
juin , les glaces encore ſi épaiſſes le
long des côtes & à l'entrée des baies,
que les vaiſſeaux ne pouvoient y entrer ; la neige même avoit ſi peu fondu , que les Rhennes (*k*) ne trouvant
pas à paître , étoient tout à fait déchar-
nés. Suivant Martenz , il arrive ſouvent , lorſque le temps eſt couvert,
qu'il neige & qu'il gèle dans ces trois
mois d'été. Il rapporte que le 24 de
juillet , la chaleur du Soleil étoit ſi
vive , que le goudron des jointures de
ſon vaiſſeau ſe fondit du côté qui
étoit à l'abri du vent , & que le vingt-
cinq le temps fut fort couvert , & qu'il
fit très-grand froid.

(*k*) Eſpèce de Cerf , qui ne ſe trouve que dans
les pays les plus ſeptentrionaux : on en verra la
deſcription à l'article de la Lapponie.

On peut cependant se faire une idée de l'été de ce pays-là, par le peu de temps que les plantes mettent à parvenir à leur perfection. Au mois de juin, notre voyageur ne vit aucune verdure ; &, au mois de juillet, il dit avoir vu beaucoup d'herbes en fleurs, & d'autres dont la semence étoit déja mûre.

C'est sur les côtes du Spitzberg qu'on va à la pêche des Baleines, & qu'on prend les plus grosses. Les vaisseaux y arrivent ordinairement au commencement de juin, & repartent à la mi-août.

On ne trouve dans cette isle, ni ruisseaux, ni sources d'eau-douce. La seule dont on y fasse usage, est celle qui provient de la fonte des glaces, & des neiges.

Après avoir donné une idée de ce climat rigoureux, nous allons passer à la description des plantes, & des animaux qui s'y trouvent.

Parmi dix à douze plantes que notre observateur décrit (l), il n'en est au-

____

(l) Ces plantes, dont l'existence est très-remar-

cune qui offre quelque choſe de ſingulier, ſi ce n'eſt la plante de Roche (*m*).

Elle eſt de la même eſpèce que celle
que les Hollandois nomment Wier,
& dont le nom Latin eſt *Fucus* (*n*).
Cette plante a ſa racine ronde & fibreu-
ſe, qui croît parmi les rochers : ſa
tige a plus de ſix pieds de long ; elle
eſt jaune, large, & platte comme une
feuille : on en voit ſortir pluſieurs
feuilles auſſi larges que la tige, & qui
ſemblent autant de nouvelles branches ; ces feuilles ſont jaunes : elles ont
ſix pieds de long, & la figure d'une langue. Au ſommet de la tige, ſont de
petites feuilles longues & étroites, auſſi
jaunes, & tranſparentes comme de la

---

quable, ſous un ciel ſi rude, ſont une eſpèce d'A-
loès, de la Joubarbe, des Renoncules, &c. *Voyez
le Recueil des Voyages au Nord, déja cité, pag.* 63
& ſuivantes.

(*m*) L'original Allemand porte Kliff Kraut. Elle
paroît être le *Fucus*, appellé le Baudrier de Neptune.

(*n*) Cette plante eſt du nombre de celles qu'on
trouve décrites par M. Linnæus, dans ſa *Flora
Lapponica*, pag. 348 & ſuivantes.

colle-forte. Peut-être ces petites feuilles font-elles les fleurs de cette plante. Tout près de ces feuilles, il en croît d'autres, qui font oblongues & creuses : celles-ci paroiſſent comme de petites veſſies enflées, & font environnées d'autres feuilles plus petites & fort ſerrées. Dans ces feuilles, ainſi enflées, il ne ſe trouve que de l'air, qui cauſé un petit bruit, quand on preſſe ces petites veſſies entre les doigts.

L'opinion commune des matelots eſt que la graine de cette plante produit les Limas de mer; mais il y a apparence, comme le remarque notre voyageur, que ces Limas viennent d'œufs dépoſés ſur les feuilles de cette plante, ainſi qu'on voit dans nos climats les Chenilles s'engendrer ſur les feuilles des arbres, & leur donner la forme de petites bourſes ou veſſies. Quand le vent eſt à l'eſt ou au nord, cette plante eſt toujours roide & ſêche ; mais quand il règne un vent d'oueſt ou de ſud, elle devient humide & mollaſſe.

Si la rigueur du climat ne laiſſe croître que peu de plantes, il n'en eſt pas de même des animaux ; on en voit de toutes les eſpèces.

Dans toutes les deſcriptions que nous en donnerons , nous les rangerons toujours en ſix claſſes ; en oiſeaux terreſtres & aquatiques , en quadrupèdes-terreſtres & quadrupèdes-amphibies , en amphibies à qui des eſpèces de nageoires tiennent lieu de pieds , en poiſſons , en reptiles , & en inſectes de terre & de mer.

Parmi les oiſeaux terreſtres du Spitzberg , l'oiſeau de Neige & l'oiſeau de Glace méritent une attention particulière.

Oiseau de Neige (*o*).

Le premier a été ainſi nommé , parce qu'on ne le voit jamais que ſur la neige. Cet oiſeau eſt de la groſſeur d'un Moineau , & reſſemble à la Linotte par la figure , la couleur , le bec , les jambes & les pieds. Sa tête eſt auſſi groſſe

---

(*o*) *Alauda remigibus albis* ; Faun. Suecica ; parag. 194.

que fon col ; les plumes du dos & des aîles font grifes. Il en vient de grandes troupes fur les vaiffeaux , & on les prend aifément à la main. Il paroît cependant que cette familiarité , commune à tous les oifeaux qui habitent des pays ftériles , ne leur vient que de la faim. Martenz obferve que , dès que ceux-ci s'étoient raffaffiés de la nourriture qu'on leur jettoit fur fon vaiffeau , ils difparoiffoient, ou ne fe laiffoient plus prendre.

OISEAU DE GLACE.

Cet oifeau tire fon nom du féjour continuel qu'il fait fur la glace (*p*). Il eft à-peu-près de la groffeur d'un Pigeon. Son plumage paroît doré & jette un éclat éblouiffant au foleil. Notre obfervateur n'en vit qu'un de cette efpèce, & regrette beaucoup de n'avoir pu le prendre vivant pour le deffiner. Il ne voulut pas le tirer , de crainte qu'un coup de fufil ne le fra-

___

(*p*) M. Linnæus l'appelle *Alca roftri fulcis quatuor, oculorum regione temporibufque albis :* parag. 118.

cafsât , & ne gâtât fon beau plumage.
M. Linnæus dit qu'il fait fon nid fur les
rochers , & qu'il n'a jamais qu'un œuf.

Tous les autres oifeaux , qu'on voit
au Spitzberg , font aquatiques. Ils ont
les pieds larges & en cartilages comme
les Oies. La plupart font oifeaux de
proie , & ne font pas aufli bons à manger que les autres. Leur chair excite
des vomiffemens,à moins qu'on n'ait la
précaution de les expofer à l'air , pendus par les pieds. Cette expofition leur
fait rendre une huile que leur donne la
graiffe de Baleine , dont ils fe nourriffent;elle les purifie & leur ôte tout mauvais goût. Ces oifeaux, excepté les Kirmews & les Strundjagers,font leurs nids
fur des rochers très-élevés , pour garantir leurs petits des Ours & des Renards. Vers la fin de juin , lorfque leurs
petits font éclos , on en voit de fi grandes volées au haut des montagnes ,
qu'elles forment un nuage qui cache le
foleil , & font une ombre très-confidé-
rable. Le bruit occafionné par ces oifeaux , empêche qu'on ne s'entende
parler. Les Kirmews & les Strundjagers

font leurs nids dans de petites ifles fort baffes, ou dans les vallées fur la mouffe.

Les oifeaux qui nous ont paru remarquables font, le Ratsher ou Confeiller, le Lumb, la Mouette, le Bourguemaître, le Strundjager ou Chaffemerde, le Perroquet - plongeon, le Kirmew, &le Mallemucke.

LE RATSHER OU CONSEILLER.

Le Ratsher ou Confeiller a été nommé ainfi, à caufe de fa beauté & de fon air grave & majeftueux. Cet oifeau a le bec aïgu, étroit & mince; fon pied eft formé par trois ongles joints enfemble par une membrane noire; fes jambes, peu hautes, font de même couleur, ainfi que fes yeux. Lorfqu'il vole, fa queue longue & large forme un tres-bel éventail. Son corps eft bien proportionné, & d'une blancheur qui furpaffe celle de la neige. Cette couleur contraftant agréablement avec le noir de fon bec, de fes yeux & de fes pattes, en fait un des plus beaux oifeaux du monde. Il fe repaît de poiſſon & de fiente de Cheval ou Veau-marin : il ſe perche même ſur le corps de cet animal, quoique vivant. Ces oiſeaux ſont ſi peu farouches, qu'on peut les tuer à coups de croſſe de fuſil.

Le Lumb.

Cet oiſeau, qui eſt gros comme un Canard, n'a de remarquable que ſa tendreſſe pour ſes petits. De ſon nid, ſitué ſur les plus hauts rochers, il les tranſporte ordinairement dans l'eau, en les prenant dans ſon bec. Il les aime avec tant de paſſion, qu'il ſe laiſſe tuer plutôt que de les abandonner : lorſqu'on les attaque, il les fait nager près de lui & les couvre de ſes aîles.

La Mouette ou Kutgchef.

Le mot de Kutgchef, que cet oiſeau ſemble dire en criant, lui a fait donner ce nom. Il eſt auſſi gros qu'une Mouette ordinaire (*q*). Les matelots le prennent

____

(*q*) C'eſt un oiſeau fort commun dans les provinces maritimes, & qui eſt de la groſſeur d'un Pigeon.

avec des hameçons amorcés de graiſſe de Baleine , & attachés au bout d'une ligne. Ce qu'on remarque de particulier à l'égard du Kutgchef, c'eſt que le Strundjager (r) le pourſuit juſqu'à ce qu'il ait fienté. Alors ce dernier reçoit cette fiente , l'avale adroitement avant qu'elle tombe dans l'eau , & laiſſe le Kutgchef tranquille. Celui-ci nage toujours la tête haute & contre le vent , quelque violent qu'il ſoit. Lorſque les Kutgchefs ſont en troupe , ils ſe preſſent les uns contre les autres , pour mieux réſiſter au vent. De cette manière , ils fendent l'air avec une vîteſſe extraordinaire , & leur vol eſt ferme & aſſuré. Cette eſpèce de Mouette a fort peu de chair , excepté aux cuiſſes & à la poîtrine. Martenz obſerve que c'eſt de - là qu'eſt venu le proverbe , *léger comme une Mouette.*

LE BOURGUEMAÎTRE.

Ce nom a été donné à cet oiſeau

____

(r) Voyez ſa deſcription ci-après.

parce qu'étant le plus gros du Spitzberg, il eſt conſidéré comme le Roi
de tous les autres. Il a le bec crochu,
étroit, épais, jaune & relevé en boſſe
dans ſa partie inférieure ; ce qui fait
le même effet que s'il tenoit une ce-
riſe. Il niche dans les plus hautes
fentes des rochers, & hors de la portée du fuſil. Il paroît fort terrible aux
Mallemuckes. Dès que ceux-ci voient
le Bourguemaître becqueter une Baleine où ils ſont auſſi, ils ſe laiſſent mordre par cet oiſeau ſans lui réſiſter.

Le Strundjager ou Chasse-merde (ſ).

Le Strundjager eſt de la groſſeur
d'une Mouette ; & ordinairement ſon
plumage eſt brun ſur le dos, & blanc
ſous le ventre. Nous avons parlé de
cet oiſeau ci-devant, à l'article de la
Mouette. Le nom de Strundjager lui a
été donné de l'inclination qu'il a pour

____

(ſ) *Sterna rectricibus maximis nigris :* Fauna
Suecica, §. 129.

la fiente de ce dernier; & c'eft la feule
fingularité qu'il offre.

LE PERROQUET-PLONGEON.

Parmi tous les oifeaux du Spitzberg, il n'en eft point qui ait le bec
plus fingulier que celui-ci. Quoiqu'on
lui ait donné le nom de Perroquet, il
n'a cependant rien qui lui reffemble.
Son bec eft fort large, rempli de petites
raies de diverfes couleurs, & pointu
par-deffus & par-deffous. La pointe de
deffus eft un peu courbée, & celle de
deffous oblique. Ces deux parties du
bec ont chacune environ trois pouces
de large & autant de long. Au-deffus
& au-deffous du bec quatre entailles
fe joignant enfemble, repréfentent de
chaque côté un demi-cercle. Le vuide
qui eft dans ces entailles offre la même
figure. Le plus haut de ces intervalles
eft noir, quelquefois bleu, & auffi
large que les trois autres. Au-deffous
& de chaque côté de ce même intervalle, eft un trou un peu long; c'eft
fans doute ce qui forme fes nafeaux.

L'entre-deux dans la partie inférieure du bec, qui correspond à celle d'en-haut, est un peu plus large. Près de cette partie supérieure , du côté de l'œil , est un cartilage long, blanchâtre & rempli de trous. Au-dessus de ce cartilage , & vers le dedans du bec, est une espèce de nerf, qui s'étend aussi à la partie inférieure, & qui sert à ouvrir & fermer le bec. Cet oiseau a les pattes formées de trois doigts , liés par une peau rouge , & armés chacun d'un ongle extrémement court, mais très-fort ; ses jambes sont assez courtes & de couleur rouge ; sa marche ressemble à celle de l'Oie. Un petit cercle rouge entoure ses yeux. Ce cercle est surmonté d'une sorte de petite corne toute droite ; au-dessous de l'œil , est encore une autre petite corne noirâtre. Sa queue est courte. La partie supérieure de sa tête jusqu'aux yeux est noire , le reste d'un beau blanc, ainsi que le col ; un cercle noir semble lui faire un collier : son dos & le dehors de ses aîles sont aussi noirs ; mais le ventre est blanc. Ces oiseaux se tien-

nent longtemps fous l'eau , & fe nourriffent de petits poiffons. Leur chair
eft d'affez bon goût.

LE KIRMEW.

Cet oifeau a le bec fort mince , fort
pointu & auffi rouge que du fang. Les
griffes & la peau de fes pieds , font auffi
de cette couleur. Il paroît fort gros ,
furtout dans le temps qu'il fe pofe à
terre , parce que fa queue & fes aîles
font d'une longeur extraordinaire :
mais , après l'avoir plumé , on ne lui
trouve pas plus de chair qu'à un Moineau. Le deffus de fa tête eft noir & a
la figure d'un capuchon. Tout fon
corps eft d'une couleur argentée , ou
d'un blanc gris , à la réferve des côtés ,
du deffous des aîles & de la queue , qui
font auffi blancs que neige. Les plumes des aîles font noires d'un côté.
Cette diverfité de couleurs dans toutes
les parties du corps , rend le Kirmew
un oifeau fort agréable. Ses œufs font
fort bons , & ont à-peu-près le même
goût que ceux de Vanneaux. Le jaune
en eft rouge , & le blanc bleuâtre. Cet

œuf a une de ſes extrémités fort poin-
tue. Le Kirmew vole courageuſement
contre ceux qui approchent de ſon
nid, les mord, & fait de grands cris.

LE MALLEMUCKE.

Le nom de Mallemucke eſt compo-
ſé de deux mots Allemands, *malle* &
mucke : le premier ſignifie fou, & le
ſecond moucheron. Il a été donné à
ces oiſeaux, parce qu'ils ſe laiſſent
tuer facilement, & qu'ils s'attroupent
comme des moucherons. Il y a beaucoup de variété dans la couleur de
ces oiſeaux : les uns ſont tout gris,
les autres moitié gris, moitié blancs ;
& peut-être cette différence eſt elle
celle du mâle à la femelle : notre
auteur n'en parle point. Ils volent
comme la Mouette, en friſant l'eau, &
ne remuant les aîles que fort peu. Lorſqu'ils ſont poſés, ils ne peuvent prendre leur eſſor, s'ils ne trouvent quelque pente, à cauſe de la longueur de
leurs aîles. Il n'eſt peut-être pas d'oiſeau plus vorace que celui-ci : dans le
temps de la pêche des Baleines, ils ſe

perchent fur ces animaux , quoique
vivants , & ils leur enlèvent de gros
morceaux de graiffe à coup de beç.
Leur adreffe à fe procurer une grande force , n'eſt pas moins remarquable que leur voracité ; en étendant fur
l'eau leurs aîles qu'ils ont fort grandes,
& s'aidant de leurs larges pattes, ils
enlèvent , au moyen de ces appuis,
des morceaux de graiffe beaucoup plus
pefants qu'on ne pourroit fe l'imaginer. Tandis que les pêcheurs font occupés à dépecer une Baleine , ces animaux viennent en fi grande bande ,
qu'on eſt obligé de les chaffer ; mais
ils font fi avides de fa graiffe de cet
animal , & fi ftupides , que quoiqu'on
fe jette fur eux à grands coups de bâton , ils ne s'envolent point & fe laif-
fent affommer. Il eſt vrai que leurs
plumes font fi ferrées & fi épaiffes , qu'il
faut plus d'un coup de bâton pour en
tuer un. Ces oifeaux avalent tant de
cette graiffe , qu'on les voit quelquefois s'agiter violemment dans l'eau ,
pour rendre ce qu'ils ont mangé : ils
ne l'ont pas plutôt rendu , qu'ils s'en

rempliffent de nouveau, jufqu'à ce qu'ils tombent par un excès de fatiété. * Lorfqu'une baleine eft bleffée, on voit une prodigieufe quantité de Malle-muckes fuivre la trace de fon fang ; fi elle eft morte, ils fe repofent fur fon corps, & fervent à la faire découvrir. Cet oifeau n'a que très-peu de chair, d'un mauvais goût & fort coriace ; on ne peut en manger qu'après avoir pendu l'animal par les jambes, l'efpace de deux ou trois jours, pour laiffer écouler l'huile dont il eft rempli, & l'avoir fait tremper quelques heures dans l'eau douce.

Tous ces différens oifeaux ne viennent au Spitzberg qu'après l'hiver, & n'y demeurent qu'autant que le foleil eft fur l'horifon. Dès que cet aftre commence à difparoître, & que le froid augmente, ils s'en retournent : à cet effet, chaque efpèce s'attroupe à part, & prend fon vol pour un autre climat.

---

* M. Anderfon a donné une defcription exacte d'un Mallemucke. *Hift. nat. du Groenland*, p. 56 & fuiv.

On ne connoît que trois fortes de quadrupèdes au Spitzberg ; les Rhennes, les Renards & les Ours blancs. Nous donnerons, ainfi que nous l'avons annoncé, la defcription du Rhenne à l'article de la Lapponie.

LE RENARD.

Il n'y a point de différence entre les Renards du Spitzberg & les nôtres ; finon qu'il y a beaucoup de variété dans la couleur des premiers : on en voit de blancs, de gris & de noirs.

L'OURS BLANC.

Les Ours blancs font amphibies (t), & d'une forme toute différente de ceux qu'on voit ici. Ils ont la tête longue, femblable à celle d'un Chien, & le col affez allongé ; ils font plus agiles, plus déliés que les autres Ours , &

____

(t) Au rapport de tous les voyageurs, ces Ours paroiffent faire une efpèce particuliere , qui vivent dans l'eau comme fur la terre. Ils ne font pas moins adroits à plonger pour attraper du poiffon, qu'à ouvrir des foffes pour fe repaître de cadavres.

d'une grandeur beaucoup plus confidérable. Quelques-uns ont jufqu'à huit
pieds de long. Ils aboient comme des
chiens enroués. Leur poil eft long
& auffi doux que de la laine : leur
mufeau, & les griffes dont leurs pattes
font armées, font noires : la graiffe
de leurs pattes, lorfqu'elle eft fondue,
eft un bon fudorifique & un remède
fouverain contre les douleurs de reins ;
celle des autres parties du corps eft
comme du fuif, & devient, après qu'on
l'a fondue, auffi liquide que de l'huile ;
on s'en fert de même dans les lampes.
La chair de ces Ours eft graffe & blanchâtre, comme celle du Mouton,
mais d'un affez mauvais goût. Ces
animaux ont la tête fi dure, dit Martenz, qu'ils n'étoient pas feulement
étourdis par des coups qui auroient
pu affommer un bœuf. Ils nagent très-
bien, plongent de même, & fentent de
beaucoup plus loin qu'ils ne voient.
Leurs dents, brûlées & réduites en poudre, font un bon remède pour rendre
au fang fa fluidité. Les plus jeunes fe
tiennent près des vieux, & fe défendent

dent mutuellement jufqu'à fe faire tuer plutôt que de s'abandonner. Ils vivent d'oifeaux & de leurs œufs, de Baleines mortes, & de toutes fortes d'animaux, même de ceux de leur efpèce. Dès que la nuit de trois mois commence, les Ours difparoiffent, & ne reviennent que lorfque le foleil reparoit fur l'horifon (*u*). Ils attaquent

---

(*u*) Plufieurs Auteurs prétendent que cet animal paffe ce temps à dormir. Ce qui eft certain, c'eft qu'on n'a jamais remarqué qu'il fît des provifions pour l'hiver.

Elien & Pline difent qu'un Ours vit quarante jours, en léchant feulement fon pied droit.

Ariftote & Pline rapportent que l'Ours ne naît pas plus gros qu'une fouris, & qu'il croît pendant tout le cours de fa vie. La petiteffe des yeux de cet animal femble favorifer cette opinion, qui eft auffi celle de M. Perrault. Il faut remarquer, dit-il, que dans tous les animaux, dès que leur formation eft apparente, les yeux font fi gros, à proportion du refte du corps, que chaque œil furpaffe de beaucoup la groffeur de tout le refte de la tête, de même que la tête furpaffe de beaucoup la grandeur du refte du corps. On peut donc juger, par la petiteffe des yeux de l'Ours, quelle étoit la petiteffe de tout fon corps lors de fa naiffance; ou bien il faudroit fuppofer

TOME I.   B

auſſi les hommes & dévorent ceux qu'ils peuvent ſurprendre. Ces animaux paroiſſent friands de cette chair; ils déterrent un cadavre s'ils viennent à le ſentir. Mr. Erich Pontoppidan, Evêque de Bergen, dit que les femmes enceintes ſont particulièrement de leur goût; qu'ils les ſentent à l'odorat, ou par inſtinct; & qu'ils font tout leur poſſible pour en tirer le fœtus, qui eſt pour eux un morceau très-délicat, ſur tout s'il ſe trouve que ce ſoit un mâle (*x*).

---

une choſe inouie, ſçavoir, que ſes yeux ne ſont pas crus en proportion de ſon corps, comme ils ſont aux autres animaux.

Mémoires pour ſervir à l'hiſtoire naturelle des animaux, par M. Perrault, grand in folio, pag. 34 & 39.

(*x*) Cette dernière obſervation eſt aſſez ſingulière : elle pourroit mériter quelque attention, ſi les traits de prudence que le même auteur attribue à l'Ours, tels que le talent de ſe ſaiſir du fuſil d'un chaſſeur, & de tirer avec beaucoup d'adreſſe contre ceux qui le pourſuivent; la précaution, lorſqu'il eſt bleſſé, de prendre une groſſe pierre entre ſes pattes, & de ſe précipiter dans l'eau *pour dérober ſa peau au chaſſeur*, &c. ne jettoient beaucoup de dé-

Un autre voyageur (*y*) qui paſſa l'hiver dans la Nouvelle Zemble, rapporte des exemples terribles de la férocité de ces Ours : trois matelots de ſon équipage furent déchirés & mangés par ces animaux : ils venoient quelquefois pluſieurs enſemble attaquer les Hollandois juſques dans leurs vaiſſeaux & dans la cabane qu'ils avoient bâtie pour paſſer l'hiver. La force de ·cet animal eſt ſi grande, qu'on en a vu enlever un taureau, une vache, & les emporter dans ſes pattes de devant, en marchant ſur celles de derrière (*z*).

___

fiance ſur ſes récits. *Voyez le quatrième volume des Voyages modernes, pages* 315 & 316.

(*y*) *Barentz, Hollandois.* Nous donnerons la deſcription de l'état cruel où il ſe trouva, à l'article de la Nouvelle Zemble.

(*z*) *Corneille le Brun.* Voyage en Moſcovie, chap. 2, pag. 108, in fol. Amſterdam, 1718.

Olaus Magnus, Archevêque d'Upſal en Suède, *Hiſtor. de gent. ſeptent. lib. XVIII, cap.* 26. Le même rapporte, au chapitre 30, qu'un Ours enleva un jour une jeune fille aſſez jolie, qui ſe divertiſſoit avec ſes compagnes. Cet animal trouva cette fille ſi fort à ſon gré, que ſa voracité ſe chan-

Pour achever l'abrégé de l'histoire naturelle du Spitzberg, il ne nous reste plus qu'à parler des amphibies, tels que nous les avons désignés, des poissons qu'on voit sur ses côtes, & des insectes de mer. On ne nous a laissé aucune description des reptiles ni des insectes de terre.

Ces animaux sont en très-grand nombre; mais l'obligation que. nous nous sommes imposée, ne nous per-

---

gea en l'amour le plus tendre & le plus complaisant, qui lui gagna le cœur de la fille. Ils vécurent plusieurs mois ensemble; & sans doute que cette fille trouvoit quelque plaisir dans une association de cette espèce, puisqu'elle ne revint dans sa famille qu'après que son amant eut été pris par des chasseurs. De ce commerce, ajoute notre auteur, il provint un nommé Ulfon, qui fut la souche d'une race d'hommes très-rusés & très-forts. Nous ne sçavons que croire d'un fait si extraordinaire. Le rang & la considération dont jouissoit notre auteur, ne nous laisseroient aucun doute sur la probabilité d'une aventure si merveilleuse, si nous ne trouvions, à chaque page de la même histoire, des traits fabuleux & incroyables, qui annoncent un homme simple, bien plus crédule qu'instruit. Nous en citerons encore quelques exemples dans la suite de cet ouvrage.

met de décrire que ceux qui peuvent
intéreffer par une forme ou des propriétés fingulières. Tels font les Veaux
ou Chiens marins , les Chevaux ou
Bœufs marins, dans la première claffe.
La Baleine , le Poiffon à fcie , la Licorne, dans la feconde. Le Hanneton
marin , & l'Entonnoir de mer , dans
la dernière.

LE VEAU OU CHIEN-MARIN (a).

Ces animaux ont la tête femblable à
celle d'un Chien , les oreilles écourtées,
la forme d'un Veau , & fix à huit pieds
de long (b). Leurs quatre pieds, reffem-

______

(a) On leur donne encore en François le nom de
Lamentin ; en Anglois celui de Sealcs ; & en In-
dien celui de Manati. *Voyez l'Hiftoire univerfelle des
Voyages de Duperrier de Montfrafier* , in 12 , 1707 ,
pag. 264 & 265. Il dit que les peaux de ces animaux
indiquent toutes les variations de la mer.

(b) On trouva beaucoup de cervelle à un Veau
marin qui fut difféqué à l'Académie des Sciences ;
ce qui eft contre l'ordinaire des poiffons. Auffi, loin
qu'il en ait la ftupidité , on raconte des merveilles
de fon intelligence. Pline affure qu'on en faifoit
voir à Rome qui répondoient quand on les appelloit ,

blans à des pattes d'Oies , ſont garnis
de cinq griffes jointes par une membrane noire. Au-deſſous du muſeau , &
ſur les yeux , en forme de ſourcils , ils
ont une barbe & quelques poils ; mais
rarement plus de quatre en ces derniers
endroits. Leur peau eſt couverte d'un
poil court. Ils ſont de diverſes couleurs & marquetés comme les Tigres.
Leurs dents ſont auſſi affilées que celles
d'un Chien , & peuvent fort bien couper un bâton gros comme le bras. Ces
animaux vont à terre paître l'herbe , &
ſe repoſer (*c*). Leur queue eſt fort
courte. Ils aboient comme des Chiens
enroués,& leurs petits miaulent comme
des Chats. Lorſqu'on veut les tuer , on
les approche ſur la glace en faiſant

& qui de la voix & du geſte ſaluoient le peuple dans
les théâtres. Il dit auſſi que le poil d'une peau de
Veau-marin a la propriété ſingulière de ſe hériſſer ,
ou s'applatir , ſuivant le flux ou le reflux. *Mém. de
l'Acad. des Sciences, avant 1699 , Tom. III , pag.* 189.

(*c*) Ce ſont les *Phocæ* des anciens que Protée
menoit paître. *Mém. de l'Acad. des Sciences , an.*
1669 *, pag.* 84.

de grands cris ; alors ils lèvent le mufeau , & allongent le col comme des
Levriers. On leur donne des coups de
bâton fur le mufeau , & ils font bientôt étourdis : mais il faut les tuer
promptement ; fans cela , ils fe relè-
vent & fe défendent en mordant. Il y
en a même qui courent après ceux qui
les attaquent avec autant de vîtelle
qu'une perfonne , quoique leurs pattes
de derriere ne leur fervent qu'à fe traî-
ner , & qu'ils paroiffent plutôt ramper
que marcher. Outre qu'ils ont une
odeur infupportable , ils lancent encore quelquefois derriere eux une
fiente empeftée , qui fait arrêter ceux
qui les pourfuivent. Leur graiffe fert à
faire la meilleure huile de poiffon ; leur
chair eft de mauvais goût & très-hui-
leufe.

Les Veaux ou Chiens de mer font
de la plus grande utilité à tous les Sauvages du Nord. La chair leur fert de
nourriture ; le fang de médecine ; la
peau d'habillemens , & de cordages
pour leurs bateaux. Ils trouvent encore
dans les inteftins , les nerfs, les ten-

dons, les fibres & les os de cet animal,
des vîtrages, des voiles, du fil à coudre, de la ficelle & les uftenciles de
leur ménage, de chaffe & de pêche.
On en verra des exemples à la defcription des Groenlandois.

Le Cheval ou Bœuf-marin, ou Vache-marine.

Le Bœuf-marin reffemble beaucoup à l'animal qu'on vient de décrire,
à l'exception qu'il eft gros comme un
Bœuf. Sa peau a bien un pouce d'épaif-
feur, furtout auprès du col. Quelques-
uns l'ont couverte de poil rouge,
d'autres d'un poil gris, ou jaune. Leur
gueule eft comme celle d'un Lion. Ils
ont à la machoire d'enhaut, deux dents
recourbées, pefantes, folides, légère-
ment cannelées, & longues d'un pied,
quelquefois de deux, & même davantage. Ces deux dents font fi blanches,
qu'elles ont été longtemps auffi efti-
mées que l'ivoire. Les Bœufs-marins
ont les yeux fort élevés au-deffus du nez
& bordés de fourcils, comme les quadrupèdes terreftres : ces yeux font auffi

rouges que du sang ; & quand ils sont
fixés sur quelque objet, ils paroissent
affreux. Ces animaux sont furieux &
pleins de courage : ils se rassemblent
quelquefois en grand nombre sur la
glace, où ils dorment ; mais pendant ce
temps, il y en a toujours un qui fait
sentinelle.

» J'ai souvent remarqué, dit notre
» Allemand, que lorsqu'on en est tout
» proche, il y en a un qui donne un
» coup de dent à son voisin, celui-ci à
» un autre, &c. De cette façon, dans un
» instant, ils se trouvent tous éveillés ;
» alors ils se dressent sur leurs pattes de
» devant, portent des regards affreux
» sur les chaloupes qui les approchent,
» & sautent dans l'eau en poussant des
» mugissemens effroyables. «

Ces animaux ne pouvant pas toujours vivre dans la mer, ils se reposent
souvent à terre, dans des endroits escar-
pés, sur lesquels ils grimpent à l'aide de
leurs dents. Tant qu'ils ont quelque
force, ils se défendent réciproquement.
S'ils voient un de leur espèce pris ou
blessé, ils vont droit à la chaloupe, sans

crainte , & s'efforcent d'y entrer pour délivrer le priſonnier, ou pour venger le mal qu'on lui a fait. Ils grincent des dents , & tâchent de mordre en mugiſſant d'une façon terrible : quelques-uns même plongent ſous la chaloupe, & cherchent à la percer avec leurs dents , ou à la renverſer. Tant qu'ils ſont en vie , ils ne quittent point la partie; &, ſi des pêcheurs ſe trouvent dans ce cas , il ne leur reſte d'autre reſſource que la fuite. Les Bœufs-marins les pourſuivent juſqu'à ce qu'ils les aient perdu de vue ; cela arrive bientôt, parce que leur grand nombre les embarraſſe les uns les autres. Lorſqu'on a tué un de ces animaux , on lui coupe la tête pour lui arracher les dents. Sa langue, qui eſt pour le moins auſſi groſſe que celle d'un Bœuf, eſt paſſablement bonne, étant bouillie toute fraîche ; mais , ſi on la garde deux ou trois jours, elle devient rance & huileuſe.

La Baleine.

Avant que d'entrer dans la deſcription de la Baleine, il eſt néceſſaire d'avertir qu'il y en a de bien des eſpèces ; & que le mot *Baleine*, ſuivant Bochard, ſignifie en Syriaque, ſeigneur des poiſſons. C'eſt ce qui fait que l'on comprend aſſez ſouvent tous les poiſſons monſtrueux dans la claſſe des Baleines, *in genus Cetacœum.*

Nous ne nous attacherons ici qu'à parler de l'eſpèce de Baleine qui occaſionne les voyages du Nord, & à qui on donne proprement le nom de Baleine.

A l'article du Japon, nous en décrirons une autre eſpèce connue ſous le nom de Cachalot. Celle-ci porte le blanc de Baleine, l'ambre gris ; elle a une gueule armée de dents, & ſurpaſſe toutes les autres eſpèces en groſſeur & en longueur.

Ce poiſſon eſt le plus gros & le plus grand de tous les habitans de la mer, & peut-être de tous les animaux. Sa conformation intérieure rend la Baleine tout-à-fait ſemblable aux animaux terreſtres. Elle a le ſang chaud, & reſpire par le moyen des

poumons. C'eft par cette raifon qu'elle
eft obligée de venir fouvent prendre
l'air hors de l'eau. Sa figure eft monf-
trueufe , & repréfente affez bien une
forme de cordonnier renverfée. Aux
deux côtés de fa mâchoire fupérieure , font de longs poils , qui pendent
en forme de barbe , & qui s'ajuftent
obliquement dans la mâchoire d'en
bas , comme dans un fourreau , en em-
braffant, pour ainfi dire , la langue des
deux côtés. Cette barbe a dix à douze
pieds de longs ; c'eft de-là qu'on tire
ces côtes de baleine qui fervent à faire
des bufques , des corps d'enfans , &c.
Sur fa tête s'élève une efpèce de loupe
qui a deux trous , l'un vis-à-vis de
l'autre , courbés en manière d'S. Lorfque la Baleine eft bleffée , c'eft par ces
trous qu'elle fait jaillir l'eau avec une
impétuofité fi grande , que le bruit qui
en réfulte fe fait entendre auffi loin que
du gros canon , & reffemble au fiffle-
ment d'une mer agitée. La couleur de
ces animaux au foleil , eft fort belle ,
& les petites ondes qui paffent fur leur
dos ont l'éclat de l'argent. Il y a des

Baleines toutes blanches , quelques-
unes marbrées de noir & de jaune :
on en voit d'autres tout-à-fait noires,
mais non pas d'un noir égal ; c'est-à-
dire , que les unes font d'un noir lui-
fant comme du velours, d'autres de
couleur de charbon , &c.

Leur grandeur commune eft depuis
cinquante à quatre-vingt pieds (d) ,

(d) Grand nombre de voyageurs & d'auteurs femblent avoir pris plaifir à nous décrire des monftres
marins , qu'ils appellent Baleines , d'une groffeur
inconcevable.

Strabon parle d'une Baleine, à qui il donne le
nom de Phyfetère , de deux cens coudées de long.

Pline & Solin enchériffent encore fur ce voyageur,
& donnent à quelques Baleines neuf cens foixante
pieds de grandeur.

L'Archevéque d'Upfal , avec fa fimplicité ordinaire, nous peint un de ces animaux d'une groffeur fi
confidérable , que l'orbite de chacun de fes yeux auroit pu contenir vingt hommes affis. *Hift. de gent.
feptent. lib. XXI, pag.* 739.

Le Père Fournier , Jéfuite , nous fait le portrait
d'une autre Baleine d'une groffeur énorme : ce récit
eft accompagné de tant de circonftances, qu'il n'eft
guère poffible de révoquer en doute la monftruofité
de ce poiffon : voici fes termes. Sous Philippe II ,

& on en tire communément ſoixante-
dix ou quatre-vingt barrils de graiſſe.
Corneille le Brun rapporte qu'un capitaine François, de Bayonne, lui dit
avoir pris une Baleine qui avoit des
dents de cinq pouces de long, au lieu
de côtes (*e*) ; qu'il avoit rempli ſept
barrils & demi du ſel qu'elle avoit ſur
le derriere du col : il ajouta qu'on rafi-
finoit ce ſel à Bayonne, pour le tranſporter enſuite en pays étranger; & qu'il
avoit une vertu admirable pour éclaircir le teint des femmes & leur donner
un certain air de jeuneſſe. Le courage
de cet animal ne répond point du tout à

Roi d'Eſpagne, il parut une Baleine qui avoit des
aîles, & qui marchoit ſur l'eau comme un navire.
Un vaiſſeau lui ayant rompu une aîle d'un coup de
canon, ce monſtre entra, avec une rapidité inconcevable, dans le détroit de Gibraltar, en pouſſant des
mèuglemens horribles, & vint échouer à Valence.
Le crâne de ſa tête étoit ſi grand, que ſept hommes
pouvoient y entrer, & un homme à cheval ſe tenir
dans ſa gueule. On trouva deux hommes dans ſon
ventre. On voit encore à l'Eſcurial ſa mâchoire, qui
a dix-ſept pieds de long. *Hydrographie in fol. Paris,*
1643, liv. IV, pag. 240.

(*e*) C'étoit vraiſemblablement un Cachalot.

ſa groſſeur ni à ſa force. Dès qu'il apperçoit un homme, ou une chaloupe,
il ſe cache ſous l'eau, & prend la fuite.
Mais, lorſque ſa ſureté exige qu'il ſe
défende, les hommes & les chaloupes
ne l'embarraſſent pas plus qu'un grain
de ſable ; il fait tout ſauter en mille
pièces. Toute la force d'une infinité
d'autres poiſſons n'eſt rien en compa-
raiſon de celle de la Baleine ; lorſqu'on
l'a dardée, & qu'on la pourſuit, elle
fait ſouvent filer pluſieurs centaines de
braſſes de cordes (ƒ) de cinq à ſix pouces de diamètre ; &, nageant avec plus
de rapidité qu'un oiſeau ne vole, elle
étourdit ceux qui la pourſuivent. Cependant, quelle que ſoit ſa force, elle ne
peut nuire à un vaiſſeau, comme bien

(ƒ) On peut juger de la force d'une Baleine,
par le fait ci-après. Le même Martenz dit que près
de ſaint Kilda (petite iſle au de-là de l'Ecoſſe),
ayant jetté la ſonde ſur cent vingt braſſes d'eau, par
un temps calme, cette ſonde étoit ſi peſante, que
vingt hommes avoient peine à la retirer. La ſonde
fait un poids d'environ trente à quarante livres, &
eſt attachée à une corde groſſe comme le pouce.

des gens ſe le perſuadent. Quand elle
y donne un coup de queue , elle ſe fait
plus de mal qu'au bâtiment : il arrive.
cependant qu'elle arrête quelquefois
la courſe d'un navire en s'y atta-
chant (*g*). Les os de cet animal, quoiqu'auſſi durs que ceux de tous les quadrupèdes , ſont poreux comme une
éponge , fort creux , & remplis de
moëlle. L'intérieur de ces os reſſemble aſſez à des rayons de miel. La partie génitale des Baleines eſt un nerf
proportionné à la grandeur de cet animal ; il a ſept à huit pieds de long ; il
eſt entouré d'une double peau , & reſſemble à un couteau qui eſt dans ſon
étui. La partie de la fémelle ne diffère
point de celle des animaux terreſtres à
quatre pieds : on diſtingue une ma-

(*g*) Linſcot rapporte avoir été arrêté , pendant
quatorze jours, en pleine mer, par une Baleine qui
s'étoit attachée à la quille de ſon vaiſſeau.

Pereira , autre navigateur , confirme le même
fait , en obſervant que ſon navire avoit cependant
cent pieds de quille. *Hydrograph. du Père Fournier,*
pag. 731.

melle avec des trayons, femblables à
ceux d'une Vache, & de même remplis de lait. On affure que, pour s'ac-
coupler, ces animaux fe tiennent droits,
la tête hors de l'eau (*h*). Les fémelles
n'ont jamais qu'un ou deux petits à la
fois, & on ignore le temps qu'elles
les portent. Lorfqu'ils viennent au
monde, ils ont environ vingt pieds de
long (*i*). Ces animaux font tourmen-

____

(*h*) Willougby rapporte à ce fujet que les Baleines s'étant une fois accouplées, ne manquent pas
de fe faire réciproquement toutes les careffes qu'inf-
pire l'amour le plus affectueux, & d'entretenir ainfi
leur union conjugale jufqu'à la mort. Il ajoute que,
lors de l'accouplement, ces animaux s'embraffent
avec leurs nageoires comme avec des bras, & qu'ils
reftent une demi-heure & quelquefois une heure entière dans les doux raviffemens de ces tendres étrein-
tes. *De pifcibus, in fol.* 1686, *pag.* 39.

(*i*) En 1620 on vit fur les côtes de l'Ifle de
Corfe une Baleine échouée qui avoit cent pieds de
long. Sa graiffe feule pefoit cent trente-cinq mille
livres. Comme c'étoit une femelle, on trouva dans
fon ventre un fœtus qui avoit trente pieds de long,
& qui pefoit quinze cens livres. *Willoughby*, pag. 36
& 17.

tés , surtout dans les chaleurs , par des espèces de poux , faits à - peu - près comme les écrevisses : ces insectes ne se tiennent qu'aux endroits où la Baleine ne peut pas se frotter. Ils s'y attachent si fortement , qu'il faut couper le morceau de la peau pour les enlever. La Baleine n'a rien de bon à manger , qu'un peu de chair vers sa queue , & la langue , qui n'est proprement qu'un gros morceau de graisse , dont on peut remplir plusieurs tonneaux. Un homme qui a servi à la pêche des Baleines en 1686 , dit avoir mangé de cette chair , & l'avoir trouvée aussi bonne & aussi délicate que du lard frais. On croit, avec assez de raison , ajoute-t-il , qu'elles ne vivent que de petits insectes , qui paroissent sur la mer, & qui ne sont pas plus gros que des moucherons. Il est certain, du moins, qu'il y a toujours une quantité de ces insectes marins autour d'elles ; & que le passage étroit de leur gosier ne leur permet d'avaler que de fort petits animaux , qu'elles ramassent avec leur barbe. Ceci ne doit s'entendre que de la Baleine proprement dite.

D'autres voyageurs affurent qu'aux environs de Hitland , on prit une Baleine
dans laquelle on trouva plus d'un tonneau de Harengs. Cette efpèce de Baleine eft connue fous le nom de Nord-
caper , parce qu'elle fe tient près du
Nord-cap, par où paffent les Harengs
lorfqu'ils defcendent du Pole (*k*). Le
Nord-caper a une rufe remarquable
pour fe nourrir : Après avoir amàffé ,
dans un endroit ferré , autant de Harengs qu'il lui eft poffible , en leur donnant la chaffe ; d'un coup de queue , il
excite un tourbillon très-rapide & capable même d'entraîner de petits canots. Cette petite tempête étourdit &
comprime tellement les malheureux
Harengs , qu'ils fe précipitent par mil-
liers dans fa gueule , qu'il tient ouverte ;
il les y attire encore , en afpirant l'eau ,
qui les porte dans fon eftomach , comme dans un gouffre.

Les détails de la façon de pêcher la
Baleine, quoique peu agréables, formant

(*k*) Nous parlerons de la façon dont ils arrivent ,
à l'article de l'Iflande.

un objet intéressant dans le commerce ;
nous avons cru devoir les insérer dans
un ouvrage où nous voulons faire marcher l'utilité à la suite de l'agrément.
On les trouvera à la fin du Spitzberg.

POISSON A SCIE, OU XIPHIAS.

Ce Poisson (*l*) est ainsi nommé,
d'un os long & large en forme de scie,
qui lui sort du museau , & qui a de chaque côté plusieurs dents pointues ,
comme celles d'une scie. Ces Poissons ont depuis deux jusqu'à vingt
pieds de long. Ils sont remarquables
par leur antipathie pour la Baleine. Ils
s'attroupent autour d'elle , & ne la
quittent point, qu'ils ne l'aient tuée.
Ils n'en mangent que la langue , &
abandonnent tout le reste. Lorsqu'on
voit un combat entre la Baleine & le
Poisson à scie, on peut en attendre l'é-

______

(*l*) Les Allemands le nomment *Haaghvisch* ou
Gladiateur. On l'appelle encore Espadon , mais
improprement ; ce dernier porte au lieu de scie un
os de même longueur que le Xiphias , mais il est
uni & sans dents, large à la racine, & terminé en
pointe comme une lame d'épée.

vénement; on eſt ſûr de voir tuer la Baleine, & de la prendre ſans aucun danger.

LICORNE DE MER, OU NARWAL.

Sans entrer dans une ample diſſertation pour prouver que la corne de ce poiſſon, & dont il a tiré ſon nom, eſt une dent, & non pas une corne; nous nous renfermerons dans la deſcription que les voyageurs au Nord nous donnent de l'animal. Il y a toute apparence que ce n'eſt pas ce poiſſon que l'Ecriture a en vue dans les différens endroits où elle parle des Licornes. Elle les conſidère toujours comme des animaux terreſtres du Midi ou du Levant. Ce qui peut ſervir d'ailleurs à faire voir que cette corne eſt bien plutôt une dent; c'eſt qu'elle eſt enfoncée dans la partie gauche de leur mâchoire ſupérieure, en ligne horiſontale; au lieu d'être attachée à ſon front perpendiculairement comme les cornes (*m*)

(*m*) Willougby paroit être auſſi de ce ſentim en Voyez ſon Hiſtoire des Poiſſons, pag. 43.

des autres animaux (*n*). Cependant, juſqu'à préſent , on n'a point encore découvert de Licornes terreſtres ; ou ſi peu de perſonnes ont dit en avoir vu , qu'on peut regarder cet animal comme fabuleux. La Licorne , dont il eſt ici queſtion , eſt auſſi groſſe qu'un Bœuf , & reſſemble par le corps au Veau-marin. Les unes ont la peau noire , les autres d'un gris pommelé ; mais toutes ſont blanches ſous le ventre. Leur longueur eſt depuis vingt juſqu'à ſoixante pieds. Une longue corne , ou plutôt une dent leur ſort de la mâchoire ſupérieure ; elles la tiennent levée en nageant , & l'on en voit quelquefois un grand nombre dans cette ſituation. Cette dent eſt faite en ligne ſpirale ou colomne torſe , & diminue de groſſeur à meſure qu'elle s'éloigne de ſa racine. Elle eſt proportionnée à la grandeur de l'animal , &

(*n*) Ou , pour parler en terme d'Anatomiſte , c'eſt que cette corne eſt enfoncée dans la mâchoire par gomphoſe , comme les dents , au lieu d'être attachée au front par ſymphiſe , comme les cornes.

porte jufqu'à quatorze pieds de long (o).
Ces poiffons vont quelquefois fe coucher fur le rivage , & font alors aifés à
prendre. La Licorne eft à la Baleine,
ce que le Rhinocéros eft à l'Eléphant ;
elle fe bat contre elle , & la perce avec
fa dent (p). On dit même qu'il y a eu
des navires qui en ont été heurtés avec
tant de force , qu'ils fe font ouverts &
ont coulé à fond.

Le Hanneton-marin.

Ce poiffon, d'après la defcription
qu'en donne notre voyageur, eft tout-

(o) On attribuoit anciennement de grandes ver-
tus alexitaires à cette corne , qui étoit très-chère &
très-eftimée des curieux. On a reconnu, par un
grand nombre d'expériences , que fes propriétés fi
vantées n'exiftoient que dans la tradition, & qu'elles
font les mêmes que celles de la corne de cerf, de
chèvre, & de l'ivoire. *Voyag. aux Pays Septent. par
la Martiniere : in 12, Paris, 1676 , page 313.*

(p) On a trouvé quelquefois fous terre, à une
profondeur confidérable, de ces dents, qu'on prenoit pour un ivoire foffile. *Voyez le Monde fouter-
rain du P. Kircher, liv. VIII, pages 63 & 64, inf-ol.
Amfterdam, 1664.*

à-fait ſingulier. Il eſt fait à - peu - près comme une navette , large & épais par le milieu , mince & pointu par les deux bouts , de la groſſeur d'un Hanneton. Sa tête eſt large , ronde , fendue dans le milieu , & garnie de petites cornes , de la groſſeur d'une paille. Sur le devant , il a deux rangées de petits boutons , trois de chaque côté : on ne peut diſtinguer ſi ce ſont des yeux. Sa bouche eſt jaune & noire. Ce petit poiſſon eſt ſi tranſparent , qu'on lui voit les entrailles. Tout ſon corps eſt de la couleur d'un blanc d'œuf , & ſe diſſout dans les mains.

POISSON GLAIREUX OU ENTONNOIR DE MER.

Cet inſecte n'eſt pas moins remarquable que le premier. Il a , vers le haut , une ouverture , comme une plume d'Oie ; & c'eſt peut-être ſa bouche. Ce tuyau entre comme un entonnoir dans une cavité ; c'eſt pourquoi notre obſervateur l'a nommé Entonnoir de mer. De ce trou deſcendent juſqu'au-delà de la moitié du corps ,

quatre

quatre raies, deux à deux, directement
oppofées les unes aux autres ; deux
coupées en travers, & deux qui ne le
font pas. Les premières ont de largeur
environ la moitié d'une paille ; les autres font une fois plus larges, & reffemblent au dos d'un ferpent. Du milieu
de l'entonnoir partent encore quatre
autres raies, qui defcendent plus bas
que les autres, & auffi femblables au
dos d'un ferpent. Ces huit raies colo-
rées en rouge, jaune & bleu, font le
même effet que l'arc-en-ciel. Cet infecte
paroît comme une fontaine qui auroit
huit jets-d'eau. Au dedans de l'entonnoir, on voit comme un nuage qui fe
partage, & qui paroît être les entrailles
de l'animal. Tout le corps eft auffi blanc
que du lait, & pèfe environ quatre
onces : il fe diffout dans les mains,
comme le Hanneton-marin ; mais fans
caufer aucun mal. Il diffère, en cela,
des Orties de mer d'Efpagne ; celles-ci
s'attachent à la peau, la brûlent, y
font venir des ampoules, ou caufent
des éréfipelles.

TOME I.   C

DE LA PÊCHE
DE LA BALEINE.

DE toutes les pêches qui se font dans les mers, celle de la Baleine est sans contredit la plus difficile & celle qui apporte le plus de profit.

Quelque utile qu'elle soit, il s'est passé bien des siècles sans que les hommes aient osé la tenter. C'étoit au temps de Job une entreprise qu'on regardoit si fort au-dessus de leurs forces, que Job même se sert de cet exemple pour leur faire sentir leur foiblesse, en comparaison de la Toute-Puissance Divine. « Homme, enlè-
» veras-tu la Baleine avec l'hameçon?
» & lui lieras-tu la langue avec une
» corde? Lui passeras-tu un anneau
» dans le nez? & lui perceras-tu la
» mâchoire avec le fer? La réduiras-
» tu à la supplication & à la prière?
» Fera-t-elle un pacte avec toi? & se-
» ra-t-elle ton esclave éternelle? Te
» joueras-tu d'elle comme de l'oiseau?

» & servira-t-elle d'amusement à ta
» servante ? Tes amis la couperont-
» ils en pièces, & tes négocians la tra-
» fiqueront-ils par morceaux ? Rem-
» pliras-tu ton filet de sa peau, &
» de sa tête le réservoir des poissons ?
» Mets ta main sur elle, souviens-toi
» de la guerre & ne parle plus. «

Il paroît que cette pêche a été entièrement inconnue des anciens, &
ils ne nous apprennent rien sur cet
objet. Si Pline rapporte que l'Empereur Claude a donné le plaisir au
peuple Romain d'une espèce de pêche où l'on prit une Baleine, il observe en même temps que ce monstre
marin avoit échoué au port d'Ostie ;
qu'aussitôt qu'on l'apperçut dans le détroit, l'Empereur en fit fermer l'entrée
avec des cordes & des filets ; & que ce
Prince, accompagné des archers de la
garde Prétorienne, en fit monter un
certain nombre dans des esquifs & des
brigantins, qui lancèrent plusieurs
dards à cet animal dont il fut blessé
à mort ; que, dans le combat, il jetta une si prodigieuse quantité de sang

par ſon évent ou tuyau , qu'il en mit
à fond l'un des eſquifs. Mais cette
hiſtoire eſt rapportée comme un fait
rare & ſingulier. Ainſi il demeure toujours pour conſtant que l'uſage de cette
pêche n'étoit pas commun.

Rien encore ne le prouve mieux que
le peu d'avantage qu'on retiroit d'une
Baleine morte. Tuba , Roi de Mauri-
tanie , écrivant au jeune Caïus Céſar ,
fils d'Auguſte , lui manda qu'on avoit
vu en Arabie , (*q*) où elles avoient
échoué , des Baleines de ſix cens pieds
de long , & de trois cens ſoixante de
large. Il ajoute que les marchands
Aſiatiques recherchoient avec grand
ſoin la graiſſe de la Baleine & des autres poiſſons de mer ; qu'ils en frot-
toient leurs chameaux pour les garantir
des groſſes mouches appellées *Taons*
qui craignent fort cette odeur. Voilà ,
ſelon Pline , tout l'avantage que l'on
tiroit alors des Baleines.

Le même Auteur fait enſuite men-

(*q*) Geſner , *de Aquatilibus* , lib. **IV** , pag. 853
in fol. Tiguri , 1558.

tion de quarante-deux fortes d'huiles ; & l'on n'y trouve point celle de ce poiſ-ſon. On ſçavoit encore ſi peu en tirer parti ſous les règnes de Veſpaſien, de Tite, de Domitien, & de Nerva, que Plutarque rapporte que pluſieurs Baleines avoient échoué en donnant de travers aux côtes de la mer, comme un vaiſſeau qui n'a point de gouvernail ; que lui-même en avoit vu dans l'iſle d'Ancyre ; qu'une entre les autres, que les flots avoient jettée ſur le rivage proche la ville de Brêmes, avoit tellement infecté l'air par ſa putréfaction, qu'elle avoit mis la peſte dans la ville & dans les environs (r).

Les Baſques, & ſur-tout ceux qui habitent le pays de Labour, ſont les premiers Européens qui aient entrepris cette pêche, malgré l'âpreté des mers du Nord (ſ), & les mon-

---

(r) Voyez l'Encyclopédie, au mot *Baleine*.

(ſ) Voyez le recueil des différens traités de Phyſique & d'Hiſtoire naturelle, par M. Deſlandes, tom. II, pag. 98.

tagnes de glace qu'il falloit traverser.

Voici comme on prétend que nos Biscayens du Cap-Breton , près de Bayonne , & quelques autres pêcheurs, ont été engagés à la pêche de la Baleine. Il paroît tous les ans sur leurs côtes , vers l'hiver , de ces Baleines qui n'ont point d'évent, & qui font fort grasses. L'occasion de pêcher de ces poissons se présenta donc dans leur pays , & ils en profitèrent. Ils se contentèrent de ces Baleines pendant fort long-temps ; mais l'observation qu'ils firent ensuite , que ces monstrueux poissons ne paroissent dans les mers de ces pays-là qu'en certaine saison , leur fit naître le dessein de tenter de découvrir leur retraite. Quelques pêcheurs du Cap-Breton s'embarquèrent , & firent voile vers les mers de l'Amérique ; & l'on assure que ce fut eux qui découvrirent les premiers les isles de Terre-Neuve, la Terre ferme du Canada , environ cent ans avant les voyages de Christophe Colomb ; & qu'ils donnèrent le nom de Cap-Breton , leur patrie ,

à une de ces iſles, nom qu'elle porte encore (*t*).

Ceux qui ſont de ce ſentiment ajou-
tent que ce fut l'un de la nation de
ces Biſcayens, qui donna avis de cette
découverte à Colomb l'an 1492, &
que celui-ci s'en fit honneur; d'autres
croient que ce ne fut que l'an 1504
que ce premier voyage fut entrepris
par les Biſcayens, auquel cas il ſeroit
poſtérieur à celui de Colomb. Quoi
qu'il en ſoit, il eſt certain qu'ils découvrirent, dans les mers qui ſont au
nord de l'Amérique, un grand nombre
de Baleines; mais, en même temps,
ayant auſſi reconnu qu'elles ſont encore plus abondantes en Morue, ils
ont préféré la pêche de ce dernier poiſſon. Celle de la Baleine d'ailleurs leur
étoit devenue preſque dommageable,
parce qu'ayant préféré le détroit de
Davis aux côtes de Groenland, ils
avoient trouvé le détroit, les trois
dernières années qu'ils y avoient été,

(*t*) Encyclopédie, au mot *Baleine*.

très-dépourvu de ces poiſſons. Ce ſont eux qui les premiers ont enhardi aux différens détails de cette pêche, les peuples maritimes de l'Europe, & principalement les Hollandois, qui en font un des plus importans objets de leur commerce. Ils y emploient aujourd'hui trois à quatre cens navires & environ deux à trois mille matelots; ce qui leur produit des ſommes très-conſidérables. Ils fourniſſent ſeuls ou preſque ſeuls toute l'Europe, d'huile & de fanons de Baleine. Ils envoient tous les ans dans nos ports ſept à huit mille barrils d'huile, & du ſavon à proportion.

L'huile ſert à bruler, à faire le ſavon, à la préparation des laines, des draps; aux Corroyeurs, pour adoucir les cuirs; aux Peintres, pour délayer certaines couleurs; aux gens de mer, pour engraiſſer le brai qui ſert à enduire & ſpalmer les vaiſſeaux; aux Architectes & aux Sculpteurs, pour une eſpèce de détrempe avec du blanc de céruſe ou chaux, qui en durciſſant fait croute ſur la pierre & la garantit des

injures du temps. A l'égard des fanons, leur usage s'étend à une infinité de choses utiles : on en fait ainsi
que nous avons dit, des busques, des
parasols, des corps, & autres ouvrages.

Aujourd'hui, les dangers que l'on
court à la pêche des Baleines sont
si bien prévus, qu'on les compte pour
très-peu de chose. Rien de plus admirable que les moyens inventés par les
hommes pour servir leurs intérêts ; &
rien de mieux raisonné que l'adapta-
tion qu'ils sçavent faire de leur indu-
strie aux circonstances les plus dan-
gereuses.

La pêche de la Baleine est une de
ces circonstances. Considérons donc
un peu de quelle façon des êtres
foibles & sans défense osent attaquer
des animaux dont la force & la grosseur énorme devroient les faire fuir, au
lieu de les attirer.

Lorsque l'on est arrivé à l'endroit
où se fait le passage des Baleines, on
commence par bâtir le fourneau destiné à fondre la graisse & à la con-
vertir en huile. Le navire se tient tou-

jours à la voile. A ſes côtés, ſont les chaloupes prêtes à voguer au premier cri d'un matelot qui eſt en vedette au haut du mât de hune. Dès qu'il apperçoit une Baleine, il en donne avis aux gens de l'équipage, qui ſe diſperſent auſſitôt dans les chaloupes, munis de cordages, de coutelas, de lances & de harpons. Sept à huit cens chaloupes ſe trouvent ordinairement dans le même quartier pour cette pêche (*u*).

Les lances ſont compoſées d'un fer d'environ quatre pieds, & d'un manche de bois du double à peu près de longueur.

Le harpon, auſſi de fer, eſt de figure triangulaire ſemblable à une flèche. Le dos en eſt épais comme un couperet, afin qu'il ne puiſſe pas couper par ce côté, ni ſe détacher aiſément, ſi la Baleine cherchoit à s'en débarraſſer. Le cas arrivant, les gens d'une autre chaloupe lui lancent un

______

(*u*) Recueil des Voyages au Nord, de Bernard, tom. I, pag. 73.

harpon , & elle appartient aux derniers.

La longueur de ce harpon eſt de
trois pieds : il a un manche de bois
plus épais par le haut que par le bas,
& creux comme un entonnoir. A ce
moyen, le harpon étant plus lourd par
le bas que par le haut , ſa pointe
tombe toujours perpendiculairement
ſur le poiſſon.

On attache cet inſtrument à une corde de ſix à ſept braſſes de long & d'environ un pouce de groſſeur , faite du
chanvre le plus fin , & non goudron-
née. Cette harpoire qui tient au fer
près du manche , eſt liée par une bonne épiſſurre à un funin d'environ cent
vingt braſſes , bien goudronné , &
fait d'un chanvre gros & rude.

Les meilleurs harpons ſont ceux
d'acier , trempé de manière qu'ils
puiſſent ſe plier ſans ſe rompre. Le
temps le plus favorable pour lancer
le harpon , eſt lorſque la Baleine rejette l'eau , ou quand la mer vient
briſer contre les glaces. Le bouillonnement de l'eau & le ſifflement des

vagues, empêchent que les Baleines, qui fe plaifent dans ces endroits où elles fe frottent contre les glaçons, n'entendent le mouvement des rames ; mais, lorfque la mer eft calme, il eft très-difficile de les approcher.

Eft-on arrivé à portée d'une Baleine ? le harponneur, debout fur le devant de la chaloupe & tenant le harpon de la main gauche avec la première des deux cordes, le lance avec violence de la droite. Le grand point eft de l'attraper au-deffous de l'ouie, ou dans l'endroit du dos qui eft le plus gras. La raifon en eft qu'outre que ces endroits font les plus fenfibles, ce font ceux où le harpon entre le plus aifément. La tête offre beaucoup moins de prife : les os y font très-durs, & il ne s'y trouve que fort peu de graiffe. La précaution avec laquelle la Baleine la préfente, lorfqu'elle eft vivement pourfuivie, donne lieu de croire qu'elle n'ignore pas que cette partie eft la plus propre à réfifter aux coups (*x*).

____

(*x*) Recueil des Voyages au Nord. tom. II, pag. 176.

On s'efforce aussi de la percer avec les lances aux parties naturelles , parce qu'elle y est extraordinairement sensible ; & l'on a même observé qu'un coup de lance dans cet endroit , lorsqu'elle est prête à mourir , lui fait trembler tout le corps.

La Baleine , étant blessée , plonge avec une telle force que le bord de la chaloupe inclinée se trouve au niveau de l'eau ; & , comme elle est entraînée fort loin & plus vîte que le vent , elle seroit en très-grand danger d'être submergée , si l'on ne laissoit filer la corde avec une extrême attention ; car il faut qu'elle file précisément par le milieu de la chaloupe , autrement elle couleroit bas. On doit avoir aussi la précaution de mouiller continuellement l'endroit où coule la corde, de peur que la rapidité du mouvement ne lui fasse prendre feu. Si-tôt que le harpon est lancé , tous ceux qui sont dans la chaloupe abandonnent leurs rames , & font face à la Baleine. Un d'entre eux sur le derrière de la barque la dirige avec l'aviron di-

rectement du côté où elle file ; & veille ſur les matelots, afin qu'ils s'approchent ou s'éloignent de la Baleine :
les autres ſont occupés à lâcher la
corde ; &, quand ils n'ont pas la force
de la retenir , ils la roulent autour
du banc. Pluſieurs chaloupes ſuivent,
ayant chacune quatre à cinq paquets
de funin de cent à cent vingt braſſes
de long , roulés avec beaucoup de
précaution , crainte qu'ils ne ſe mê-
lent en filant. Lorſque la corde d'u-
ne chaloupe ne ſuffit pas , on y attache celles des autres.

Une Baleine frappée du harpon
rejette l'eau avec une telle force ,
qu'on peut l'entendre de plus d'u-
ne lieue ; mais , lorſqu'elle a perdu
ſon ſang , elle ne la jette plus que par
goutte. Cette eau eſt mélée d'une
forte de graiſſe qui ſurnage comme
de l'écume , & que les Mallemulkes
viennent avaler avec beaucoup d'avidité. Ce bruit, ſemblable à celui d'une
bouteille vuide que l'on tiendroit ſous
l'eau pour la remplir, eſt une preuve
que ſa mort eſt prochaine.

Il y a des Baleines qui, dès qu’elles ont été frappées, font rejaillir leur sang jusqu’à ce qu’elles meurent, & en couvrent toutes les chaloupes. Quelques-unes, qui ont été blessées mortellement, s’échauffent par les efforts qu’elles font, à un tel degré, qu’elles font couvertes d’une sueur que·les oiseaux de mer viennent becqueter pendant qu’elles font en vie.

La plaie qu’a reçue la Baleine, jointe aux efforts que font les matelots, l’oblige de revenir sur l’eau. Quelquefois elle ne paroît qu’étonnée, mais souvent aussi elle est furieuse; & alors, battant de la queue & des nageoires avec une violence terrible, les chaloupes font en très-grand danger : les femelles, sur tout lorsqu’elles font pleines, se défendent bien plus long-temps que les mâles. On tâche cependant de lui lancer un second & un troisième harpon. Toutes les chaloupes, qui accompagnent celle d’où le premier a été lancé, attendent que la Baleine remonte, pour la percer à coups de lances. On la tient à flot par pluſieurs endroits ; & c'eſt alors qu'on la frappe à coups de coutelas , & qu'on enfonce dans ſa graiſſe des lances que l'on remue de côté & d'autre pour agrandir le trou. La perte de ſon ſang eſt ſi conſidérable, que, par tout où elle paſſe, la mer en eſt rougie. Si la Baleine enfonce, ce moment eſt le plus périlleux ; car toutes les chaloupes (excepté celle qui a lancé le harpon, & qui quoique entraînée par la Baleine s'en trouve ordinairement fort loin) venant la frapper de leur lance, en ſont extrêmement près, & ne peuvent guère éviter d'en recevoir des coups de queue d'autant plus dangereux , qu'un ſeul ſuffit pour briſer la barque & faire noyer les pêcheurs.

Quand la Baleine coule à fond , on tire la corde, &, par la peſanteur, on juge de la force qui reſte à cet animal. Lorſqu'elle eſt aſſez lâche pour ne pas faire pencher la chaloupe, on la tire peu à peu ; & l'on obſerve de la remettre en rond , afin qu'au cas que la Baleine veuille encore la tirer, elle puiſſe filer ſans s'embarraſſer.

Lorſqu'on tue une Baleine à coups de lances, on tire auſſi les cordes, juſqu'à ce qu'on ſe ſoit approché du poiſſon, mais à une diſtance qui n'empêche pas les autres chaloupes de l'attaquer : alors on a grand ſoin que les cordes de chaque chaloupe ne ſoient pas coupées toutes à la fois , parce que les Baleines les plus graſſes s'enfoncent quand elles ſont mortes, au lieu que les maîgres flottent au niveau.

Quand la Baleine fuit à fleur d'eau, on obſerve de ne pas lui lâcher trop de corde ; parce que, ſi elle faiſoit beaucoup d'efforts en ſe débattant , elle pourroit l'accrocher à quelque rocher, & alors ſe débarraſſer du harpon : mais, ſi par ces mouvemens la corde s'entortille autour de ſa queue, le harpon en devient plus ferme , & l'on ne craint pas qu'il la quitte.

Si la Baleine meurt avant que d'être amarrée , on coupe les funins , de peur que le poids de ſon corps, qui va d'abord à fond, n'entraîne les chaloupes avec elle ; & alors on perd la Ba-

leine avec tout ce qui y est attaché.
Pour prévenir ces accidens, on la
suspend par des funins, dès qu'on s'apperçoit qu'elle tire à sa fin ; & on la
conduit à un des côtés du bâtiment
auquel on l'attache avec de grosses
chaînes de fer, pour la tenir sur l'eau.

Les Baleines mortes qui flottent sur
l'eau seroient fort faciles à prendre, si
le séjour qu'elles y font ne les corrom-
poit bientôt, & ne leur faisoit exha-
ler une odeur tout-à-fait insupportable.
Plus une Baleine reste dans l'eau, plus
elle s'élève. Il y en a qui nagent un
pied au dessous de l'eau, d'autres dont
on voit la moitié du corps, mais alors
elles ne tardent pas à crever avec un
bruit extraordinaire.

Lorsqu'il y a beaucoup de petits
glaçons qui se serrent les uns les autres, il est difficile & dangereux de
poursuivre la Baleine ; car, dès qu'elle
apperçoit de la glace, elle ne manque pas de s'y réfugier. Alors le harponneur tire la corde ; s'il la trouve
pesante, il en fait filer davantage ;
si elle s'enfuit en ligne droite, elle

entraîne toutes les chaloupes ; si elle
se cache sous un gros glaçon & que
la glace soit spongieuse , en sorte que
la Baleine puisse reprendre haleine ,
le harponneur prend son couperet ;
& si la corde n'est pas assez longue
pour la lâcher davantage , on la retire tant qu'on peut , & il la coupe avec
perte du reste & du harpon qui demeure dans le corps de la Baleine.
Cette perte est quelquefois d'autant
plus considérable , que la Baleine emporte toutes les cordes de quatre à cinq
chaloupes , & quelquefois davantage.

Il arrive souvent que la Baleine tire
les chaloupes avec une telle force ,
qu'elles vont se briser les unes contre
les autres & contre les glaçons.

Aussitôt que la Baleine a été ame-
née à côté du bâtiment , & amarrée
par de grosses chaînes , les charpentiers montent dessus avec des bottes
qui ont des crampons de fer aux se-
melles , crainte de glisser ; & , de plus ,
ils tiennent au bâtiment par une corde qui les lie au travers du corps. Ils
tirent alors leurs couteaux , qui sont

à manches de bois & faits exprès ; & ,
à meſure qu'ils enlèvent le lard de la
Baleine ſuſpendue , on le porte dans
le bâtiment , & on le reduit en petits
morceaux qu'on met dans la chau-
dière , afin qu'ils ſoient plus promptement fondus ; deux hommes les re-
muent ſans ceſſe avec de longues pel-
les de fer , qui hâtent leur diſſolution.
Le premier feu eſt de bois : on ſe ſert
enſuite du lard même qui a rendu la
plus grande partie de ſon huile , & qui
fait un feu très-ardent. Après qu'on a
tourné & retourné la Baleine , pour en
ôter tout le lard , on en retire les barbes ou fanons cachés dans ſa gueule ,
& qui ne ſont pas au dehors , comme
pluſieurs perſonnes ſe l'imaginent. L'é-
quipage de chaque bâtiment a la moitié du produit de l'huile ; & le Capitaine, le Pilote, avec les charpentiers,
ont encore , par deſſus les autres , une
gratification ſur le produit des barbes ou fanons.

DE
L'ISLE MAYEN.

CETTE Ifle ne mériteroit pas affuré-
ment de nous arrêter, vu fon peu de
conféquence, fi elle n'étoit remarquable par une montagne extrêmement
élevée, & par un phénomène des plus
finguliers, qu'on y a obfervé il y a
quelques années. Elle tire fon nom
du Capitaine Jean-Jacobs May, Hollandois, qui la découvrit en 1614 (*a*).
Son étendue n'eft que de huit à dix
lieues du fud-oueft au nord-eft. Sa largeur varie fuivant la hauteur où l'on
aborde. En quelques endroits, elle
peut avoir deux ou trois lieues de
large, & en d'autres un quart de lieue.

(*a*) Géographie Lat. de Baudran, pag. 52.
Voyez auffi l'Atlas de Blaeu, vol. I, pag. 23.

Elle se rétrécit à mesure que l'on avance du nord-est au sud-ouest. Cette isle est entièrement couverte de rochers, plus ou moins élevés, mais absolument nuds & stériles. Elle étoit autrefois très-fréquentée par les Européens, qui alloient à la pêche des Baleines dans ces parages : mais aujourd'hui que ces animaux ont abandonné ces côtes, on n'y aborde que rarement pour se mettre à l'abri des gros temps , ou pour chercher des secours contre le scorbut.

La côte orientale de cette isle, au rapport des navigateurs, est environnée de glaces toute l'année , jusqu'à dix milles en mer. A la difficulté du passage près de cette côte, se joint encore le danger auquel on est exposé par un vent terrible , qui vient d'une montagne nommée *Béerenberg*, c'est à dire *Montagne des Ours.*

Cette isle paroît être un gros fragment de terre détaché du continent , ou produit par des feux souterreins, ou quelqu'autre accident extraordinaire. Elle est inhabitée , & tout à fait inhabitable. Au nord de cette isle, on voit le Mont des Ours, ainsi appellé à cause de la grande quantité de ces animaux qu'on y observe en tout temps. Il est si élevé que sa cime se perd dans les nues ; & que, dans un temps serein, au rapport de tous les marins, on le découvre à la distance de trente-deux lieues. Cette montagne est toute nue comme les autres, & son sommet est éternellement couvert de glaces & de neiges. Elle contient tout l'espace qu'il y a entre les deux côtes orientales & occidentales, & c'est en cet endroit qu'est la plus grande largeur de l'isle. Il ne s'y trouve ni herbes, ni broffailles, ni terre pour servir de matrice aux végétaux. Au pied de cette montagne seulement, il se forme une croute mince de terre, ou plutôt de fiente d'oiseaux de proie, dont il se tient là des quantités prodigieuses, pour donner la chaffe aux Crabes de mer, très-fréquents dans les bas fonds qui environnent cette isle. Cette fiente, par une providence admirable, produit

beaucoup de ceuillerée , d'ozeille &
d'autres herbes médecinales & très-ſa-
lutaires aux marins qui paſſent ici dans
leur voyage de Groenland.

Le récit d'un incendie ſingulier, arrivé en 1732 , va terminer cet article.
Ce phénomène pourra à la fois amuſer
les naturaliſtes , & fournir un ſujet d'e-
xercice aux phyſiciens. Voici comment le rapporte M. Anderſon, dans
ſon Hiſtoire naturelle de l'Iſlande.

Un Capitaine de vaiſſeau de Hambourg, nommé Jean-Jacques Laab ,
allant en Groenland, & étant à l'ancre,
à cauſe du vent contraire , à trois lieues
au ſud de la Montagne des Ours , vit
le dix-ſept mai des flammes d'une
longueur prodigieuſe , qui s'élevoient
du bas de la montagne en ſe diſper-
ſant de tous côtés comme des éclairs
très-vifs. Cet incendie étoit en mê-
me-temps accompagné de détonna-
tions ſouterreines & terribles. Un
brouillard très - étendu & fort épais
ſembla mettre fin à ces accidens. Le
Capitaine fut ſaiſi d'une frayeur mor-
telle, ne pouvant quitter l'endroit où

il

il étoit détenu par le vent, & ne sça-
chant que penser sur les suites que
pourroit avoir cet incendie à l'égard
de son vaisseau. Cependant ce feu ne
dura que vingt-quatre heures. La
montagne ne s'ouvrit point, & ne
jetta aucune pierre ni matiere com-
bustible, mais une fumée noire &
épaisse continua jusqu'au vingt-un du
mois. Le vent ayant alors changé,
le vaisseau gagna promptement le large. Il étoit à peine à quinze lieues de
cette isle, que Laab fut de nouveau
effrayé par une quantité énorme de
cendres que le vent jettoit derrière lui,
& dont les voiles & le pont de son
vaisseau furent bientôt couverts &
teints en noir (*b*). Il craignit d'abord

____

(*b*) Tandis que nous nous occupons de faits extraordinaires, nous allons en joindre un de cette
espèce, qui ne peut manquer de faire plaisir. C'est
un prodige inouï qui n'a peut-être jamais eu de pareil, & qui semble cependant n'avoir été qu'un
jeu de la nature.

Dans le territoire de Naples, il arriva, par un
tremblement de terre des plus terribles, qu'une

que ces cendres n'euffent amené avec
elles quelques charbons ardens , ou
minéraux enflammés , qui auroient pu
mettre le feu au vaiffeau ; mais les
ayant trouvé froides à l'attouchement,
& n'y voyant rien de combuftible en
les approchant du feu , il reprit courage , & les fit enlever avec de l'eau.
Tout l'équipage s'y occupa pendant
plus de cinq heures , avant qu'on pût
venir à bout de nétoyer le vaiffeau qui

---

montagne entière , remarquable par les vignes dont
elle étoit couverte, fut tout d'un coup tranfportée
de fa place en une autre , éloignée de la première
de plus de mille pas , fans qu'il reftât aucun gou-
fre intermédiaire entre ces deux endroits , ni
aucun veftige de ce changement. Cette tranfla-
tion fubite, au rapport de l'auteur, caufa un procès très-long entre les propriétaires du terrein d'où
elle avoit été enlevée , & ceux de l'endroit où elle
avoit été portée. On agita auffi , long-temps, à
qui l'on devoit demander les redevances dues au do-
maine royal à chaque mutation de propriété , fça-
yoir fi c'étoit au premier poffeffeur du lieu où
avoit été d'abord fituée la montagne , ou au fecond
poffeffeur de celui où elle venoit dêtre placée. *Monde*
fouter. du P. Kircher , liv. IV, pag. 221.

en recevoit de temps-en-temps de
nouvelles charges, tant qu'il fut fous
le vent. » On m'apporta (ajoute M.
» Anderfon) un peu de cette cen-
» dre, je la trouvai d'un gris clair,
» & fort douce à l'attouchement.
» L'ayant mife fous le microfcope,
» elle parut remplie de petits grains de
» fable , ou plutôt de petits mor-
» ceaux de pierre brifée. «

Un autre Capitaine de vaiffeau ,
appellé Alicke Payens & compatrio-
te du précédent , paffa quinze jours
après dans cet endroit. Ayant entendu parler de cette avanture , il aborda à l'ifle , & eut affez de courage
pour vifiter l'endroit incendié. Il remarqua que la montagne n'étoit cre-
vée en aucun endroit, & qu'elle n'a-
voit rien jetté que des cendres, dont
tout le terrein étoit couvert à deux
lieues à l'entour. On y entroit jufqu'à
mi-jambe. Comme il ne découvroit
rien de nouveau, il s'en retourna fort
fatigué à fon bord.

D U

GROENLAND.

CETTE terre (*a*) eſt bornée au midi par l'océan ; à l'orient, par la mer glaciale ; à l'occident, par la mer & les détroits de Hudſon & de Davis, qui la ſéparent de l'Amérique. Comme on ignore juſqu'où s'étend la mer de Hudſon, on eſt en doute ſi le Groenland ne va pas ſe joindre à l'Amérique vers le nord-oueſt, & l'on ne peut déterminer ſon étendue : on ſçait ſeulement que ce pays commence au Cap-Farwel, à la hauteur de 60 degrés ½ & s'étend au de-là du

---

(*a*) Relation du Groenland, par la Peirère, adreſſée de Coppenhague en 1646, à M. La Motte le Vayer, imprimée à la Haye, en 1715.

80e. (b), ce qui fait plus de cinq cent
lieues de long.

L'origine des peuples de ce pays eſt
tout à fait inconnue. A l'égard de l'é-
poque de la découverte qu'on en a
faite, voici ce que rapportent les Chro-
niques Danoiſes & Iſlandoiſes.

PREMIERE DÉCOUVERTE DU GROENLAND.

Un gentilhomme de Norvége nommé Torwalde, & ſon fils Erric ſur-
nommé le Rouſſeau, ayant commis
un meurtre dans leur pays, s'enfuirent
en Iſlande, & Torwalde y mourut.
Erric, homme violent & colere, tua
de nouveau un homme dans cette iſle.
Pour échapper au ſupplice dont il étoit
menacé, il prit la réſolution de s'en-
fuir dans une terre qu'on lui dit avoir
vue à l'oueſt de l'Iſlande, à quatre ou
cinq jours de navigation. Erric aborda à une petite iſle, & paſſa enſuite dans

____

(b) Géographie d'Hubner, tom. IV, pag. 604.

D iij

le continent (*c*) qu'il nomma Groenland, c'est-à-dire pays-verd, à cause
de la verdure de ses pâturages (*d*).
Trois ans après son arrivée dans ce
pays, Erric retourna en Islande, &
se réconcilia avec les Islandois. Il leur
rapporta que la terre qu'il avoit découverte avoit beaucoup de bétail
& d'excellents pâturages ; que la chasse & la pêche y étoient très-abondan-
tes. Enfin, il leur fit de sa conquête
une peinture si avantageuse, qu'un
bon nombre d'Islandois se détermi-
nerent à l'y suivre.

Cette colonie s'établit sur les côtes
orientales du Groenland, les plus voi-
sines de l'Islande. Quelque temps après
le fils d'Erric, nommé Leiffe, étant
allé en Norvège, parla au Roi de
la bonne terre que son père habitoit.
Ce souverain, qui depuis peu s'étoit fait

____

(*c*) Entre le 66ᵉ & le 67ᵉ degré.

(*d*) Bleffkenius, qui a abordé au Groenland,
dit au contraire qu'on l'a appellé Pays-verd, par
antiphrase, parce qu'il ne produisoit aucune verdure ; *Descriptio Islandiæ*, pag. 22 & 59.

chrétien, retint Leiffe à sa cour tout
l'hiver. Il le fit instruire dans la religion chrétienne, le fit baptiser, & le
renvoya l'été suivant vers son pere,
accompagné d'un prêtre pour instruire les nouveaux colons. Ce prêtre
remplit très-bien sa mission, & baptisa
Erric & tout son peuple.

Le zèle de ces néophites s'étant
accru en même temps que leur nombre, ils bâtirent quelques villes, plusieurs couvents, & grand nombre de
paroisses (e). Garde fut la principale de ces villes, la capitale du
Groenland, & le siège de ses Evê-
ques (f).

(e) La Chronique Danoise dit qu'il y a eu dans
ce canton un Evêché, trente Couvents, douze
Paroisses, & cent quatre-vingt-dix Villages.

(f) Le docteur Hubner, dans sa Géographie,
pag. 604, ne place la découverte du Groenland
qu'en l'an 982. Nous n'avons pu adopter cette
date, puisqu'il existe des monumens qui la font re-
monter beaucoup plus haut.

Le continuateur de Pufendorff cite un acte de Louis
le Débonnaire, daté d'Aix-la-Chapelle, du 15 mai

Dès ce temps - là cependant , le Groenland avoit ses habitans originaires. Un nommé Ivert-Bert , maître d'hôtel d'un évêque du Groenland,

---

834, où il est dit nommément que Jésus-Christ a été annoncé dans l'Islande & le Groenland. Ces lettres patentes par lesquelles Louis le Débonnaire érige Hambourg en Archevêché, sont adressées à Ansgarius, François, que l'Empereur constitue Métropolitain de tout le Nord : *Tom. VIII, pag.* 520.

Pontanus rapporte tout au long ces lettres patentes. Voici ce qu'on lit sur ce sujet. *Idcirco Dei ecclesiæ filiis præsentibus scilicet & futuris certum esse volumus , qualiter divina ordinante gratia nostris in diebus aquilonaribus in partibus scilicet , in gentibus Danorum , Sueonum, Norvagorum , Groenlandorum , Helsinglandorum , Islandorum , Scritsinorum , & omnium septentrionalium nationum magnum cœlestis gratia prædicationis sive acquisitionis patefecit ostium. Data idus Maii , anno* 421, *Imperii Romani Ludovici piissimi Augusti , indictione XV , anno,* D. N. J. C. 834.

Le même Historien donne aussi la Bulle de Grégoire IV, datée de 835, confirmative de ces lettres. *Rerum Danicarum historia,* in fol. Amsterdam , 1631 , pag. 97 & 98. Voyez aussi l'Histoire Ecclésiastique de M. Fleury , tom. X , pag. 367, édit. de 1704 ; & le Recueil des Historiens des Gaules, in - fol. tom. VI , pag. 221.

rapporte, dans une relation qu'il a donnée de ce pays, que les Skrelingres
ravageoient fréquemment la colonie
Norvégienne ; qu'il fut du nombre
de ceux que le juge nomma pour aller
leur donner la chaſſe. Ce relateur ,
peut-être bon maître-d'hôtel , mais
très-mauvais écrivain , dit qu'ils trouverent quantité de bétail , qu'ils en
prirent autant que leur navire en put
porter , mais qu'ils ne virent perſonne. Chez les Skrelingres , ajoute-t-il ,
il ſe trouve des brebis , des chèvres ,
des bœufs , mais point de peuple , ni
chrétien ni payen.

P E R T E D U G R O E N L A N D.

Le petit état d'Erric occupoit un
terrein d'environ trente ou quarante
lieues de circonférence (g). Il payoit
un tribut annuel aux rois de Norvège
qui avoient défendu à leurs ſujets d'al-

(g) La Chronique Danoiſe lui donne la même
étendue qu'à un évêché de Dannemarck. Ils ne ſont
pas plus conſidérables qu'en France.

D v

ler au Groenland , ſous peine de la vie.
En 1348 , une grande peſte , appellée *peſte-noire* , ayant fait périr une
multitude d'habitans des contrées ſeptentrionales , les voyages en Groenland commencerent à devenir fort rares. Ils ceſſerent même tout-à-fait
ſous le regne de la Reine Marguerite,
qui avoit réuni les couronnes de Dannemark & de Norvège. Voici ce qui
y donna lieu. En 1389 , les tributs
que le Groenland payoit à la reine,
n'étant pas arrivés , des marchands
furent accuſés de les avoir enlevés.
Sur cette accuſation ils furent arrêtés
& condamnés à être pendus. Ils ob-
tinrent cependant leur élargiſſement,
en jurant ſur l'Evangile qu'ils avoient
été jettés par la tempéte ſur les côtes
du Groenland , & qu'ils n'avoient pas
touché aux tributs deſtinés à la reine.
Peu de tems après , Marguerite fit
partir, pour cette terre , quelques navires , dont on n'eut aucunes nouvelles. Ces deux événemens , joints aux
peines rigoureuſes renouvellées contre ceux qui iroient dans cette contrée

fans congé, intimiderent fi fort les marchands & les matelots, que perfonne n'ofa fe hazarder à faire ce voyage. La Reine, alors engagée dans les guerres de Suède, ne s'occupa plus du Groenland, & ne fongea pas à y envoyer. C'eft ainfi qu'on a perdu la connoiffance de ce pays (*h*), quelques efforts qu'on ait faits depuis pour le découvrir.

Le Capitaine Frobisher, Anglois, fut le premier qui aborda au Groenland environ deux cens ans après le dernier voyage des Norvégiens, en 1576, 1577 & 1578. Suivant M. Ellis, voici ce qui occafionna les différens voyages de Frobisher. Parmi quelques curiofités que ce navigateur avoit rapportées du premier, il fe trouva un morceau de pierre noire, qui fut donné comme une chofe de peu de valeur à la femme d'un des intéreffés en cette

---

(*h*) C'eft à dire du Canton qu'occupoit la Colonie Norvégienne.

D vj

expédition. Elle s'avifa de la faire
rougir au feu , & l'ayant éteinte dans
du vinaigre, elle y remarqua des points
brillants comme de l'or. On eſſaya
la pierre , tous les raffineurs déclare-
rent que c'étoit de la mine d'or. Il
n'en fallut pas davantage pour engager à retourner dans un ſi bon pays ;
& bientôt on fit des préparatifs pour
un ſecond voyage dont on conçut les
plus grandes eſpérances. Frobisher
trouva ſur la côte orientale , à 63
degrés 8' de latitude (i), le détroit qui porte ſon nom. Il le remon-
ta juſqu'à trente ou quarante lieues ,
& crut qu'il traverſoit le continent.
Mais il paroît qu'il s'eſt trompé ; du
moins ſi ce paſſage a exiſté , il ſe trouve fermé aujourd'hui par une grande
quantité de glaces. Les habitans du
lieu où il prit terre , attaquerent d'a-
bord les Anglois ; mais ils ne tinrent
pas long-temps , & s'enfuirent dans les

____

(i) Voyage à la Baye d'Hudſon , traduit de
l'Anglois, de M. Ellis, *tom. I , pag.* 14.

montagnes. Trois de ces Sauvages
ayant été bleffés, grimperent fur les
pointes les plus élevées des rochers,
& fe précipiterent dans la mer. Frobisher remarqua que les maifons que
ces barbares avoient abandonnées,
n'étoient que des tentes faites de peaux
de veaux-marins, étendues fur quatre groffes perches, & coufues fort
adroitement avec des nerfs ; que toutes ces tentes avoient deux portes,
l'une du côté du fud, & l'autre du côté de l'oueft. Il emmena une femme
enceinte & un petit enfant qui étoient
reftés dans ces cabanes, avec une vieille fort hideufe. Cette vieille, dont
les Anglois ne voulurent pas fe charger, fit tous fes efforts pour empêcher l'enlevement de la jeune femme,
& pouffoit des hurlemens épouvan-
tables. Frobisher s'arrêta quelque
temps dans une ifle pour faire remplir trois cens tonneaux d'un fable lui-
fant, qu'il avoit pris pour de la mine
d'or ; mais malheureufement cette
mine ne remplit pas fes efpérances.

Les Anglois ne purent jamais ap-

privoiſer les ſauvages qu'ils avoient
vus ; & ceux-ci , qui l'année précé-
dente avoient enlevé cinq hommes à
Frobisher , paroiſſoient avoir encore
fort envie de lui en attraper quelques-
uns.   Des démonſtrations d'amitié ,
des ſignes de paix furent d'abord em-
ployés de leur part , pour engager Frobisher à prendre terre où ils étoient. Ce
capitaine de bonne foi , étoit prêt à
ſe rendre à leurs invitations , lorſqu'il
vit une foule de ces ſauvages qui ſe
cachoit derrière des rochers ; c'eſt
ce qui le ſauva. Les barbares cependant ne ſe rebuterent point ; & pour
attirer plus ſûrement (au moins ſuivant eux) les Anglois ſur le rivage ,
ils leur jettoient de gros morceaux de
chair crue , comme à des dogues.
Voyant que les Anglois ne donnoient
pas dans ce piège , ils s'aviſerent d'u-
ne autre ruſe. Deux de ces ſauvages
porterent doucement , au bord de la
mer , un homme qui ſembloit être
boiteux , & ſe retirèrent tous. Ils s'ima-
ginoient que les Anglois qui avoient
déja pris un des leurs avec ſon ca-

not (*k*) , viendroient encore emporter ce misérable qui paroissoit ne pouvoir se sauver; leur attente fut trompée. Frobisher se doutant du stratagême, fit tirer un coup de canon sur le faux estropié. Celui-ci se leva précipitament, & se sauva bien plus vîte qu'il n'étoit venu. Les Sauvages parurent alors en grand nombre , armés d'arcs & de frondes , & firent pleuvoir sur les Anglois une prodigieuse quantité de flêches & de pierres.

(*k*) Ce Sauvage fut présenté à la Reine Elizabeth avec la femme & l'enfant dont on a parlé. Ils ne changerent point de contenance , & ne marquerent aucune surprise : ils baisserent seulement la vue devant ceux qui étoient là pour les voir. Ces Sauvages (ajoute le journal de Frobisher) étoient nourris à leur manière ; c'est à dire , avec de la viande crue. S'ils tuoient une poule , ils la vuidoient aussitôt , & mangeoient , sans autre façon , les entrailles avec l'ordure. La Reine accorda à ce Sauvage la permission de tirer sur la Tamise toutes sortes d'oiseaux , même les cygnes, quoique cela fût expressément défendu à tout autre. L'homme & la femme ne vécurent qu'un an , & l'enfant fut élevé. *Voyez le Recueil des Voyages au nord. Amst.* 1715 *tom. V, pag.* 471.

Il paroît par le récit du capitaine Anglois que ces barbares , auxquels il eut affaire , font les habitans naturels du Groenland , & fans doute les defcendans des Skrelingres (*l*) , dont la colonie Norvégienne eut tant à fouffrir dans fes établiffemens : mais il refte une difficulté. Que fera devenue cette colonie dont on n'a pu découvrir aucune trace depuis près de quatre cens ans ? Nous

---

(*l*) Pour ce qui eft de leur origine , elle eft abfolument ignorée. M. Anderfon penfe qu'ils defcendent des Tartares de Sibérie & de Samogitie. * Cette opinion a pour elle la reffemblance qui fe trouve entre ces Tartares & les Groenlandois , dans la ftature , les traits , la façon de vivre & la cruauté. *Hiftoire naturelle du Groenland* , pag. 264.

* *Nous croyons qu'il y a erreur ici. La Samogitie eft une province de Pologne d'où le paffage en Groenland paroit très-peu vraifemblable. L'Auteur , fans doute , a voulu dire la Samogédie , ou Samoyedie , de laquelle les Tartares paffant à la Nouvelle-Zemble , pendant l'hiver , ont pu prendre toujours fur les glaces leur route par le Spitzberg , & delà aborder fur les côtes feptentrionales du Groenland.*

nous permettrons de hazarder ici nos conjectures ; elles pourront concourir à prouver que ces anciens Norvégiens n'ont pu devenir les auteurs d'un autre peuple , & qu'à coup sûr ils n'exiftent plus , comme quelques écrivains femblent le croire encore.

On a vu qu'en 1348 , une pefte affreufe défola toutes les contrées du nord. Il a pu arriver que cette maladie , portée dans le Groenland par quelques vaiffeaux , qui y arrivoient ordinairement au commencement de l'été , aura beaucoup diminué le nombre des coloniftes. Les Barbares auront eu alors peu de peine à exterminer ce qu'il en reftoit. A mefure que d'autres hommes y auront abordé , ces mêmes fauvages les auront maffacrés. Il faut obferver que c'eft environ quarante ans après le cruel ravage caufé par la pefte , que l'on a commencé à perdre de vue le Groenland & fes habitans. Si la tradition d'un peuple fauvage pouvoit être de quelque autorité , celle des Groenlandois , qui habitent aujourd'hui le plus près de l'ancienne colonie Norvégienne , donneroit la plus grande plausibilité à notre hypothèse. Ils ont une tradition qui porte que leurs ancêtres ont massacré les habitans qui étoient avant eux dans cette terre. En supposant cependant que cette tradition soit fausse, ou peu sûre, la question n'en sera pas plus difficile à résoudre , & l'existence actuelle de l'ancienne colonie sera toujours impossible à croire.

Pourroit-il se faire que les descendans des Norvégiens subsistassent depuis 1389 sans qu'on en eût la moindre connoissance , malgré le nombre de vaisseaux qui depuis près de deux cens ans abordent tous les ans sur ces côtes ? Est-il raisonnable de penser qu'un peuple habitant un terrein d'environ quarante lieues de circonférence , ait vécu pendant quatre cens ans assez concentré dans ce coin de terre pour demeurer ignoré ? & qu'il n'ait pas assez multiplié pour donner lieu à des migrations qui n'auroient pas manqué de conserver quelques connoissances de leurs ancêtres ? sur tout étant chrétiens & policés, comme on nous peint les premiers colonistes du Groenland.

Il résulte donc de l'assemblage de ces faits hypothétiques que, si depuis quatre cens ans, l'on n'a pu découvrir ni les traces des premiers Norvégiens, ni la côte orientale du Groenland la plus voisine de l'Islande qu'ils ont habitée, c'est que ces peuples n'existent plus, & que vraisemblablement aujourd'hui le terrein qu'ils habitoient est couvert par les glaces ou par la mer (*m*), ou qu'il a été détruit par des tremblemens de terre (*n*).

______

(*m*) L'illustre auteur de l'Histoire naturelle a assez bien prouvé les efforts continuels que la mer fait contre les côtes orientales, pour qu'il ne soit pas difficile d'en faire l'application à ce cas. *Histoire naturelle, in* 12, *tom.* II, *pag.* 413.

Voyez aussi le Monde souterrain du P. Kircher. Livre I, *chap.* 2, *Amsterdam,* 1664.

(*n*) Frobisher rapporte encore, dans son journal, que ce pays paroît très-sujet aux tremblemens de terre; qu'il y vit des montagnes nouvellement formées de pierres ponces, qui paroissoient avoir été ammoncelées par des moyens extraordinaires.

Mais c'est assez nous arrêter à raisonner sur des faits ensevelis dans une obscurité où il n'est pas aisé de pénétrer ; qu'on nous pardonne cette digression. Nous allons maintenant entrer dans une carrière plus éclairée. La description du Groenland & de ses habitans que l'on connoît aujourd'hui, & sur lesquels nous avons des relations récentes (*o*), va présenter des choses plus certaines & non moins extraordinaires.

DESCRIPTION DU GROENLAND NOUVEAU.

Tout le continent est hérissé de montagnes fort élevées & toujours couvertes de neiges & de glaçons. Entre ces montagnes il se trouve des val-

___

(*o*) M. Egede, ministre Luthérien de Norvége, quitta sa cure, & partit en 1723 avec toute sa famille pour le Groenland, à dessein de travailler à la conversion de ses peuples. Trois Ecclésiastiques reçurent aussi l'ordination à Coppenhague en 1734, pour aller encore y prêcher l'Evangile. C'est sur le rapport de tous ces missionnaires qu'on a fait l'histoire naturelle de ces contrées.

lées dont le sol, engraissé par la fiente des oiseaux qui y sont en très-grand nombre, produit de l'herbe fort longue, & plusieurs plantes.

Le climat, au rapport des Danois, y est assez tempéré (*p*), mais le temps est fort inconstant. Le soleil y est très-chaud & très-brillant en été. L'hiver de cette contrée n'est pas insupportable, quoiqu'il y fasse un froid très-pénétrant qui est causé par un vent de nord-est. Ce vent, traversant tout le continent, se charge sur les montagnes de particules de glaces, qui font sur le visage le même effet que des coups de verges. Ces particules glaciales sont très-visibles, surtout au soleil où on les voit reluire comme des petits fils d'argent. Lorsque le temps est couvert, elles forment un brouil-

___

(*p*) Il ne peut manquer d'y avoir une grande variété dans le climat d'une terre aussi étendue que le Groenland. Les Européens n'ayant pas pénétré au-delà du 64ᵉ & 65ᵉ degré de latitude nord, la description que nous donnons ne peut se rapporter qu'aux pays situés à cette hauteur.

lard épais, & tombent en pluie très-
fine.

Depuis le mois de novembre, jufqu'à la fin de mai, toutes les côtes du
Groenland font environnées de glaces fort épaiſſes, qui en défendent
l'approche, & qui ne ſe fondent pas
même en été. On y voit quelquefois
des iſles de glaces d'une lieue de tour,
& de foixante - dix ou quatre-vingt
braſſes (*q*) de profondeur dans la
mer. Toutes ces glaces donnent une
eau douce. Le foleil y paroît continuellement fur l'horifon, depuis le
mois de mai jufqu'à celui de juillet (*r*).
Pendant les mois de novembre, décembre & janvier, il ne ſe montre
pas du tout, ou ne paroît que très-
peu de temps. Un crépufcule de plufieurs heures donne une clarté qui dédommage de l'àbfence du foleil. Il

(*q*) La braſſe commune a cinq pieds.

(*r*) Le foleil féjourne plus ou moins fur l'horifon, fuivant la hauteur des lieux. Plus on approche
du pole, plus cet aftre refte au deſſus de l'horifon en
été, & au deſſous en hiver.

paroît souvent sur la fin de l'été, autour de cet aftre, un anneau, ou même deux ou trois, qu'on appelle Par-
hélies (ſ). Outre que les nuits y font
éclairées par la lune, comme ailleurs,
elles reçoivent encore une lumière
confidérable des neiges & des glaces,
dont tout le continent eft couvert. Au
défaut de la lune, l'aurore boréale
prend ſa place. Cette clarté paroît
d'abord auffitôt que les jours commencent à diminuer ; & ſon éclat augmente à meſure que les nuits font longues & obſcures ; elle brille pendant

---

(ſ) Tous les Phyſiciens ne font pas d'accord ſur
la cauſe de ce phénomène. Selon les uns, il eſt produit par la lumiere du ſoleil réfléchie dans une nue
qui renferme une grêle cylindrique, ou des particules glaciales ; ſelon d'autres, par la ſimple réflexion
des rayons du Soleil dans l'air. Ces anneaux font
formés par des couleurs à peu près ſemblables à celles
de l'arc en ciel. Le rouge & le jaune font du côté
du Soleil ; le bleu & le violet du côte oppoſé. *Voyez
l'explication qu'en donne M. Mariotte dans les Mémoires de l'Accadémie des Sciences avant 1699,
tom. I, pag. 150 & 297, Celle de Caſſini, année
1693, pag. 167.*

tout l'hiver , diminue quand les jours allongent , & diſparoît tout-à-fait au commencement de l'été. Toutes les fois que le ciel eſt ſerein , on voit cette lumière ſuccéder au crépuſcule : elle ſautille continuellement, & jette toute la nuit une lueur qui ſurpaſſe le plus beau clair de lune. Elle ſe lève toujours au nord-oueſt , & s'élance vers le ſud , en rempliſſant ſouvent tout l'hémiſphère. Quelque temps qu'il ait fait pendant la journée , l'aurore-boréale ne manque jamais de paroître à la chûte du jour , pourvu que le temps ſoit net & calme. Sa lumière eſt ordinairement d'un jaune blanchâtre (*t*) & éclaire aſſez pour qu'on puiſſe lire aiſément (*u*).

—————————————————

(*t*) Si l'on veut avoir une deſcription plus circonſtanciée de ce phénomène , on peut recourir aux œuvres de Gaſſendi. Ce Philoſophe examina avec ſoin une aurore boréale qui parut en France le 12 ſeptembre 1621. *Voyez les Obſervations céleſtes de Gaſſendi , à la ſuite d'une lettre en réfutation de la Philoſophie de Fludde; in octavo , Paris , 1630 , chap.* 13 *, pag.* 313. Le Traité de M. de Mairan.

(*u*) M. Le Monnier expoſe modeſtement qu'il

Le

Le terrein des vallées étant une efpèce de tourbe fort graffe, les choux
& les raves font les feules plantes qui
y viennent affez bien. On ne voit
d'arbres, en cette terre, qu'en avançant un peu vers le continent; & les
feuls qui y croiffent font des faules, des
bouleaux & des aulnes. Il s'y trouve
auffi quelques buiffons compofés de
génévriers, de grofeillers & de mû-
riers, mais ils ne produifent que de
mauvais fruits.

On ne fçait pas encore bien ce que
les montagnes & les rochers renferment. A leur furface, il y a quantité
de mines d'amianthe (x), dont les

croit que les aurores boréales font produites par une
matière femblable à celle qui forme la queue des
cometes, & qui s'exhale de la terre. *Voyez fes In-*
ftitutions Aftronomiques, *pag.* 346.

Muffenbrock eft entré dans une ample differta-
tion fur le même objet. *Voyez fes Effais de Phyfique*,
traduits par Maffuet, in quarto, Leyde, pag. 839.

(x) Nous donnerons une exacte defcription de ce
minéral à l'article de la Sibérie, où il s'en trouve
des mines confidérables. Nous indiquerons auffi la
façon dont on s'y prend pour le préparer, le filer,
& en faire une toile incombuftible.

veines font affez larges, & le lin fort
long, fort mol, & d'une blancheur
parfaite. M. Egede rapporte que ce
lin pierreux brule comme une chan-
delle tant qu'il a de la nourriture, fans
diminution de fa propre fubftance.

D'autres montagnes contiennent
une efpèce de pierre molle, qui, felon
M. Egede, n'eft qu'un marbre imparfait. Il y en a de diverfes couleurs,
même de blanche tachetée de noir.
Cette derniere pierre eft plus enfoncée
dans les montagnes ; & , comme elle
eft fort aifée à travailler, les naturels
du pays en font les uftenfiles de leur
ménage, qui fe reduifent à une lampe,
quelques plats, & un chaudron.

Le même dit avoir trouvé un morceau de pierre qui reffembloit à de
la mine de plomb. Tout le Groenland eft, felon lui, parfemé de mines
de fer (*y*). Dans quelques endroits

______

(*y*) Cette particularité n'a rien qui furprenne,
fi, felon le fentiment de Wallerius, tout le globe
eft parfemé de particules de fer. *Minéralogie de
M. Valmont de Bomare*, tom. II, pag. 165,

on ramasse des pierres sonores comme du métal; en d'autres, des pierres jaunes marquetées de veines rouges : ce qui fait présumer qu'il s'y trouve de bons métaux , & probablement du cuivre & de l'argent.

Les eaux douces de ce pays sont assez bonnes, & proviennent presque toutes des neiges fondues. Près de l'endroit où aborda Frobisher , on rencontre une source d'eau si chaude en hiver, qu'au rapport des Groen-landois, un morceau de glace qu'on y jette se fond sur le champ. Le terrein qui environne cette source est couvert d'herbe verte toute l'année. Cette eau est d'une odeur & d'un goût extrêmement forts.

Les oiseaux terrestres du Groenland sont des Moineaux , des Pies , des Corbeaux , des Perdrix ou Gelinotes blanches , des Aigles , des Faucons. On ne nous a donné la description que des Perdrix : nous allons nous y arrêter un instant.

PERDRIX OU GELINOTES BLANCHES.

Cette Perdrix est blanche, & tachetée de noir sur les aîles. Ses pattes
sont revêtues de petites plumes qui les
garantissent du froid (z). Ces oiseaux
sont plus accoutumés à courir qu'à
voler, & cela donne assez de facilité
à les prendre. Contre la coutume de
de tous les oiseaux terrestres, la Per-

(z) M. Anderson dit que ces Perdrix sont les mêmes que celles qu'on voit dans les montagnes de Lapponie, & qu'à décrit Scheffer ; cependant il les dépeint avec des plumes aux pattes, comme nos Pigeons domestiques. Scheffer, dans son Histoire de
Lapponie , dit formellement que ces Perdrix ont
les pieds semblables à ceux des Liévres, chargés de
poils au lieu de plumes. C'est une particularité plus
remarquable que la première. *Voyez l'Edition Latine
de Francfort , in quarto , 1674 , pag.* 151 ; *ou la traduction Françoise du P. Lubin , pag.* 326. *Paris, 1678.*
M. Linnæus les dépeint aussi de la même façon. Voici
ses termes : *Lagopodes dictæ Aves tempore æstivo fla-
vescentes , Hiemali albæ , pedibus lana involutis,
Leporis instar.* Voyez sa *Flora Lapponica* , pag. 268,
parag. 342. M. Brisson & M. Desbois n'ont pas
adopté ce sentiment. *Voyez l'Ornithologie , pag.* 216
& suivantes. Le Diction. d'Hist. nat.

drix paſſe l'hyver dans le pays ; elle ſe nourrit de la même herbe que paiſſent les Rhennes & les Chevreuils de cette contrée. On remarque qu'elle amaſſe de la nourriture pour l'hiver, en la rangeant par petits tas dans ſon nid.

On ne voit pas d'autres oiſeaux aquatiques, que ceux que nous avons décrits à l'article du Spitzberg.

Les quadrupedes terreſtres qui ſe trouvent dans le Groenland, ſont des Daims, des Rhennes, des Renards, des Loups, des Chiens ſauvages, des Rats & des Lièvres.

Ces derniers animaux ne different des nôtres que par leur petiteſſe & leur couleur, qui eſt griſe en été & blanche en hiver.

CHIENS DE GROENLAND.

Il n'en eſt pas de même des Chiens ſauvages. Ils paroiſſent faire une eſpece particuliere. Ils ont la tête & le nez allongés, les oreilles élevées & fort pointues. Ils ne peuvent pas aboyer, & ne font que gronder & hurler. Outre cela , leur poltronnerie les rend très-peu propres à la chasse. Auprès du continent , il y a plusieurs petites isles , dans lesquelles les Groenlandois entretiennent plus de quatre mille de ces Chiens. Ils les nourrissent avec une espèce de mousse de mer , des Moules , & de la graisse de Chien de mer , lorsqu'ils en ont trop pour eux-mêmes. Ils les tuent ensuite , en les chassant comme le gibier ; les laissent sécher à l'air , ou les cachent sous la neige & la glace , pour les manger ensuite avec beaucoup de plaisir.

Les riviéres & les ruisseaux sont remplis de Truites , d'Ecrevisses , surtout de Saumons.

La mer qui baigne ces parages , est extraordinairement poissoneuse. Il n'y a point d'espece de poisson qui ne s'y trouve en abondance , ainsi que dans les mers du Spitzberg. On a vu la description des animaux les plus remarquables qui habitent dans les mers de ces contrées : nous sommes dispensés d'en parler davantage. La peinture des habitans actuels du Groenland (*a*), va terminer cet article.

DES PEUPLES DU GROENLAND.

Les Groenlandois font généralement petits & ramaffés. Leur taille n'exc de pas quatre pieds. Ils ont le vifage large & plat, le nez camus & écrafé, l'iris de l'œil jaune brun & tirant fur le noir, les paupiéres retirées vers les temples, les joues extrêmement élevées, la bouche très-grande, le bas du vifage étroit, les levres groffes & relevées, la voix grefle, la tête groffe, les cheveux noirs & liffés, la peau de couleur d'olive foncée. Les

---

(*a*) Bleffkenius, dans un article à la fuite de fa defcription de l'Iflande, fait une peinture finguliere du Groenland & des Groenlandois. Mais, comme nous ne prétendons pas faire un roman, nous avons rejetté tout ce qui ne porte pas l'empreinte de la vérité, ou qui n'eft pas confirmé par le témoignage de plufieurs Auteurs. *Defcriptio Iflandiæ*, in-12, *Lugduni Batavorum*, 1607, *pag.* 82.

On peut confulter auffi le Voyage de Groenland par Pierre de Méfange cordelier. Celui-ci repréfente les Groenlandois prefque toujours en guerre ouverte avec les Grues. 2 *vol. in* 12, *Amfterdam*, 1720.

femmes font auffi laides que les hommes, & leur reffemblent fi fort, qu'on a peine à les diftinguer. Leur ftature eft beaucoup plus petite. Elles ont les mains & les pieds fort courts. Leurs mammelles font fi longues & fi molles, qu'elles donnent à teter à leurs enfans par deffus l'épaule: le bout de ces mammelles eft noir comme du charbon. Leur couleur eft auffi d'un brun d'olive (*b*). Au rapport de M. Egede, ils viennent tous fort blancs au monde, & cette couleur olivâtre eft la fuite de leur malpropreté. La fumée, dans laquelle ils font continuellement, la graiffe & l'huile qu'ils manient tous les jours, & dont ils fe barbouillent à chaque inftant le corps & le vifage, c'eft ce qui donne une couleur brune & olivâtre à leur peau.

(*b*) Olearius rapporte que quelques perfonnes qui avoient long-temps obfervé deux femmes & une jeune fille Groenlandoifes, amenées en Dannemarck, en 1655, l'ont affuré qu'elles n'ont de poil que fur la tête, & qu'elles ne font pas fujettes aux indifpofitiens périodiques de leur fexe. *Voyez fon Voyage de Mofcovie, Paris, 1659, in quarto , pag.* 132.

Ces peuples font d'une bonne com-
plexion, & ne connoiffoient aucune
maladie contagieufe avant l'arrivée
des Européens. Un Groenlandois, qui
avoit gagné la petite vérole en Dannemarck, de retour en fon pays, en
1733, la communiqua à fes compatriotes. Le froid du climat empêcha
l'éruption des boutons; &, comme ils
n'avoient d'ailleurs aucune connoiffance ni de cette maladie, ni des re-
medes qui y étoient propres, elle enleva plufieurs centaines d'habitans.
Les autres ne s'en garantirent qu'en
abandonnant les malades, & le canton où ils étoient.

Le fcorbut eft une maladie plus
commune, &, pour ainfi dire, la feule
du pays. Les Sauvages le guériffent
bientôt avec du *Cochlearia* qui croit
fur leur terrein, ou avec une certaine
plante dont les feuilles font fort épaiffes, & d'un goût très-piquant. Ils ne
connoiffent ni médecins ni chirurgiens.
Si quelqu'un d'entre eux a une bleffure,
il couvre la plaie fimplement avec une
fangle de peau, & elle fe guérit ordi-

E v

nairement en peu de jours. Ils ont une espece de charlatans ou forciers , qui abufent très-fouvent de leur fimplicité. Quand quelqu'un eft attaqué d'une maladie confidérable , ces charlatans font autour de lui toutes fortes de poftures extravagantes , des tours d'adreffe à peu près comme nos efcamoteurs. Ils font femblant d'arracher de la partie affectée du malade , une griffe , ou un nerf , ou quelqu'autre partie d'un animal. Ils la montrent enfuite d'un air de triomphe , en affurant le malade que la fource de fon mal eft ôtée. Prefque toujours le malade perfuadé güérit , foit par la force de fon imagination , foit par les effets d'une bonne conftitution & les efforts de la nature. Cette guérifon foutient le crédit de l'impofteur , & fert à lui faire gagner fa vie. Ces mêmes charlatans débitent des efpeces de chapelets faits de petits os , ou d'autres matières. Ils attribuent à ces amulettes pendus au col , la vertu de conferver la fanté & de porter bonheur dans les entreprifes. Ces peuples font rarement malades,

& parviennent à un âge assez avancé. La seule incommodité à laquelle ils soient sujets, & qui est fort commune parmi eux, c'est la cécité. Comme ils sont continuellement éblouis au dehors par l'éclat de la neige pendant l'hiver, & la plus grande partie de l'automne & de l'été, &, en tout temps, aveuglés par la fumée dont leurs habitations sont toujours remplies, la plupart perdent les yeux en avançant en âge.

La langue de ces sauvages est d'une singularité qui la rend absolument étrangere à toute autre. Elle ne ressemble ni au Norvégeois, ni à l'Islandois, ni à la langue des habitans de l'Amérique septentrionale. La prononciation en est extraordinairement difficile. En serrant la langue contre le palais & les dents, ils font des contorsions singulieres & forment des sons inimitables (c) & inexpressibles. » Une per-

____

(c) On peut consulter à ce sujet, le vocabulaire Groenlandois, qui est à la suite de l'histoire du Groenland, par M. Anderson.

» sonne, qui a appris cette langue
» par une longue application , m'a as-
» suré , dit M. Anderson, qu'elle a
» beaucoup de grace pour le son des
» mots ; qu'elle est très-ingénièuse &
» très-expressive pour les tournures ;
» elle ne paroît pas même aussi rude
» qu'on le présumeroit , parmi un
» peuple aussi simple & sauvage que
» les Groenlandois. Les femmes ont
» une dialecte particuliere.

L'habillement des Groenlandois est
un surtout étroit, fait de peau de Daim
ou de Chien-marin ; il a des manches & un capuchon comme l'habit
des moines , descend jusqu'aux genoux, & est taillé en pointe par devant & par derriére. En été, ils portent
le poil en dehors , & l'hiver, ils le
mettent en dedans. Sous cet habit, ils
portent des chemises faites d'intestins
de poissons cousus avec des nerfs
fort déliés ; & quelquefois des cami-
soles faites de peaux d'oiseaux. Leurs
culottes & leurs bas sont de la même
peau que leur habit. Comme ils ne
connoissent ni le lin , ni le chanvre ,

ils ne font aucun ufage de linge. Si
on leur donne une chemife, ils la mettent par deffus leur habit, & ne la
quittent pas qu'elle ne tombe par morceaux. Lorfqu'ils vont à la pêche des
Baleines, ils couvrent leurs habits
ordinaires d'une cafaque de peau de
Veau-marin fans poil & affez large.
La culotte & les bottes tiennent à ce
furtout, & ne font qu'une feule piéce.
Il eft fi bien coufu, que l'eau ne peut
le pénétrer nulle part. A cette cafaque
& devant la poitrine, eft une petite
ouverture bien bouchée avec une che-
ville. Cet orifice leur fert à enfler la
cafaque en la rempliffant d'air, & à fe
foutenir fur l'eau en fermant exactement l'ouverture. A mefure qu'ils aug-
mentent le volume de ce furtout, en
foufflant par la petite ouverture du
haut, on les voit monter fur l'eau,
au point qu'ils s'y tiennent droits, &
qu'ils peuvent prefque marcher fur la
furface de la mer comme fur la terre.
Veulent-ils enfoncer ? ils débouchent
le petit orifice, & defcendent à proportion que diminue l'air qu'ils y ont

introduit. Ils vont, par ce moyen, ſous les eaux à une profondeur conſidérable , & s'y tiennent très-longtemps. Ils ſont d'ailleurs naturellement excellents plongeurs. La Peyrere , dans ſa Relation du Groenland , rapporte que le gouverneur de Kolding , en Jutland province de Dannemarc , avoit un Groenlandois qui alloit nud ſous l'eau, comme un poiſſon , & qui étoit très-adroit à pêcher un grand nombre de perles fines. L'avidité de ce gouverneur, qui comptoit bientôt meſurer les perles au boiſſeau , ajoute cet auteur, couta la vie à ce pauvre malheureux. Son maître l'envoyoit à l'eau comme un barbet , & le faiſoit plonger ſi ſouvent , même dans les glaçons , qu'il en mourut.

Les Groenlandoiſes différent peu des hommes dans leurs habillements. Leur ſurtout eſt fait de la même façon ; il eſt ſeulement un peu plus large & plus élevé ſur les épaules. Elles portent des bas & des culottes , comme les hommes ; &, quelquefois en hiver, elles mettent trois ou quatre de ces caleçons l'un fur l'autre. C'eſt dans ces caleçons que font leurs poches, & qu'elles ſerrent ce qu'on leur donne.

Sur le portrait qu'on a vu de ces femmes, on ne les ſoupçonneroit peut-être pas de coquetterie; on auroit tort. L'ambition de paroître charmantes les poſſede tout autant que les femmes de nos climats; & elles ne manquent pas d'employer, à cet effet, les moyens les plus analogues à leurs vues, & au goût de ceux qu'elles veulent captiver. Elles ramaſſent tous leurs cheveux en queue, & les nouent ſi ſerrés & ſi près de la tête, qu'ils ſe tiennent droits. Des petits morceaux de verre, ou d'os de poiſſon, font les ornemens dont elles les parent, & leur tiennent lieu de pompons & d'aigrettes. Leurs oreilles, leurs cols, leurs bras, & juſqu'à leurs ſouliers, font ornés de la même façon. L'uſage de ſe farder le viſage eſt auſſi pratiqué par les plus coquettes de ces femmes; leur fard conſiſte à ſe broder ſur les joues, au tour des yeux & de la bouche, différentes figures avec un fil enduit de noir de lampe , qu'elles paſſent entre la chair & la peau. Ce fil ainſi inſéré, laiſſe des traces ineffaçables, & aſſez ſemblables à celles qu'on fait en France, par curioſité, ſur la peau, avec de la poudre à canon & la pointe d'une éguille (*d*). Malgré le deſir de plaire, & le ſoin que ces femmes apportent à leur parure, leur malpropreté ne les rend pas moins dégoutantes que les hommes aux yeux des Européens. Les uns & les autres ne ſe lavent que fort rarement ; & quand cela arrive , c'eſt leur urine qui leur ſert à cet uſage. En tout temps, leur langue leur ſert de mouchoir & de ſerviette.

____

(*d*) Les Pélérins qui ont fait le voyage de Terre Sainte, ne manquent pas d'en revenir avec une croix & tous les inſtrumens de la paſſion, gravés en noir ou violet ſur le bras. Cette gravure ſe fait ordinairement avec de petits grains de poudre canon, que l'on introduit l'un après l'autre, & ſur un deſſein tracé, entre l'épiderme & la ſeconde peau. C'eſt de cette façon de graver dont nous voulons parler.

Les habitations de ces Sauvages n'ont, comme on le pense bien, ni goût ni élégance. Elles les mettent à l'abri des injures de l'air, & rien de plus. Il y en a de deux fortes : maifons d'hiver, & maifons d'été. Les premieres font les plus grandes : elles ont environ vingt pieds en quarré. Dès que l'hiver approche, les femmes, qui font en ce pays, les architectes & les maçons, jettent leurs plans,& bâtiffent. Ces maifons font conftruites de cailloux, ou de morceaux de roc fi bien liés avec de la terre & de la mouffe, que le vent ne peut y pénétrer. Elles ne portent gueres que quatre pieds d'élévation, au deffus de terre : il en refte environ deux ou trois pieds enfoncés, pour leur donner plus de folidité. Le toît eft formé par des lattes pofées fur le haut des parois, & couvertes de gazons. Ces maifons font éclairées par quelques fenêtres placées çà & là. Des membranes de boyaux de Veaux marins, ou d'autres poiffons, bien coufues & jointes.avec des petits nerfs, leur fervent de vîtres. L'entrée de ces cabanes est creusée sous terre , comme le terrier d'un Lapin , & n'a pas plus de deux ou trois pieds de hauteur. Elle est allongée & disposée en zigzag, pour mieux empêcher le vent d'y entrer. Cette ouverture est toujours tournée du côté de la mer , & une peau de Veau-marin y sert de porte. Une habitation telle qu'on vient de la peindre , renferme quelquefois sept ou huit familles , c'est à dire, toute la parenté ; & cependant tout le monde y vit en bonne intelligence. Chaque famille couche ensemble ; le père & la mère au milieu , les garçons à côté du père , & les filles près de la mère. Une peau tendue à la longueur de quatre pieds , sépare le lit d'une famille d'avec celui d'une autre. Tous ces lits sont rangés d'un même côté. Ils ne sont composés que de quelques planches portées sur des pierres à un pied de terre , & garnies de peaux avec leurs poils. Les maisons des Groenlandois ne renferment aucuns meubles inutiles ; tout y donne des leçons de la plus stricte œconomie.

Quelques plats, une lampe, un chaudron, faits de cette pierre dont nous
avons parlé, voilà ce qui compose tous
les meubles du ménage & les uſtenſiles
de cuiſine. Le garde-manger, où ils
conſervent leurs proviſions pour l'hyver, eſt un trou fait en terre à la porte
de leurs maiſons, & recouvert de
pierres. Ce qu'ils prennent pendant le
temps froid, ils le couchent ſur terre,
& le couvrent de neige; cela ſuffit
pour le garantir pluſieurs mois de la
corruption. Un grand canot, renverſé
contre la maiſon, leur ſert de magazin.
C'eſt là qu'ils conſervent leurs effets
les plus précieux, qui ſont des pelleteries. Leur lampe eſt de figure longue & aſſez creuſe. On y entretient
perpétuellement, pendant l'hiver, une
flamme claire, par le moyen d'une
mêche imbibée d'huile ou de graiſſe.
Un chaudron d'une grandeur proportionnée à la famille, eſt ſuſpendu à une
des lattes du toît, au deſſus de cette
lampe qui ſert à la fois à échauffer la
maiſon, à éclairer, & à faire la cuiſine. Chaque famille a cette ſorte de

poële devant son lit. Quelques-unes de ces maisons sont tapissées de peaux dont le poil est contre les parois ; ce qui y produit une chaleur si grande, que les habitans s'y tiennent le corps nud ; mais aussi, l'air qu'on y respire est si chaud & si infecté par l'huile, la graisse, les exhalaisons de ces corps malpropres, & une odeur de poisson pourri, qu'il cause des évanouissemens aux étrangers. On peut ajouter encore que la vermine que l'on voit partout, ne manque pas de concourir à inspirer un dégout insurmontable. Lorsqu'il arrive chez eux quelque étranger en visite, ils ne le couchent pas avec eux, quand même il seroit de leur nation. Ils détachent une planche & une peau de leur lit, les placent dans un endroit particulier, & c'est là que l'étranger va reposer. Les Groenlandois habitent leurs maisons d'hiver depuis le mois d'octobre, jusqu'au mois de mai. Alors ils les abandonnent pour quelque temps, s'ils restent dans le voisinage, & pour toujours, s'ils trouvent un endroit plus avantageux

pour la chaſſe ou pour la péche. D'autres, qui ont quitté leurs habitations
ailleurs, & qui arrivent là par hazard,
s'emparent de ces maiſons abandonnées, & s'y établiſſent.

Quant aux habitations d'été de ces
Sauvages, ce ſont des peaux unies de
Chiens marins, étendues ſur des perches plantées en terre en rond & rap-
chées en haut, de façon qu'à leur ſommet elles n'ont pas plus de trois à quatre
pieds de circonférence. Chaque famille a la ſienne en particulier. Ceux
qui en ont les moyens les tapiſſent en
dedans de peaux unies de Daims ou
autres. Ces cabanes ſont beaucoup
plus propres que celles d'hyver. En
chacune pend une lampe, toujours ſur-
montée de l'utile chaudron.

On conçoit aiſément que les Groenlandois, habitant une terre qui ne produit rien, ne vivent que de viande &
de poiſſon. Leur gourmandiſe les rend
peu délicats ſur le choix des alimens.
Ils ſçavent ſuporter la faim dans les
circonſtances, avec une fermeté in-
croyable, mais auſſi ils dévorent quand

ils ont de quoi mangér. Le temps de leurs repas n'eſt ni fixe ni marqué; ils mangent quand le beſoin le demande. S'ils ſentent de l'appetit pendant la nuit, ils ſe lèvent pour le ſatisfaire. Entrent-ils dans une maiſon? ils examinent d'abord ce qu'il peut y avoir de bon à manger. Ils dévorent des yeux tout ce qu'ils voient autour d'eux (*e*). Les Daims, les Lièvres, les Chiens de mer & de terre, les Oiſeaux, les Poiſſons, font leur principale nourriture. Ils mangent leur viande tantôt cuite, tantôt crue, ſéche ou demipourrie, ſuivant que la faim les preſſe. Ils ne trouvent rien de trop coriace. Dans un beſoin urgent, ils coupent un morceau de leurs habits ou de leurs

____

(*e*) On obſerve que tous les Sauvages n'ont preſque que des idées relatives à l'entretien de leur exiſtence; tout ce qui peut y ſervir, eſt ce qui les affeﬞe davantage. Quelques Iroquois étant venus à Paris en 1666, on les promena dans cette ville & dans toutes les maiſons royales. Ils n'y trouvèrent rien d'admirable que les boutiques de rôtiſſeurs bien garnies de toutes ſortes de viandes.

fouliers, le font bouillir dans de l'eau, & l'avalent enfuite après l'avoir mâché quelque temps. S'ils ont du poiſſon frais, ils le font cuire à l'eau pure, fans fel ; mais feulement avec un peu d'huile ou de graiſſe de poiſſon. Quand il eſt à demi cuit, ils boivent le bouillon entre eux ; ils mettent enfuite la viande ou le poiſſon à terre entre leurs jambes, & le mangent. Ceux qui ont des plats s'en fervent, mais jamais on ne les lave, quand même les chiens y auroient mangé. Ils font auſſi fécher au foleil une groſſe quantité de Saumons ou de Loddes (*f*), pour leurs proviſions d'hiver ; & ils le mangent fec, fans le faire bouillir.

Si les Groenlandoiſes offrent une image de coquetterie, leurs maris préfentent celle d'une mâle fierté. Ces hommes, pour être fi fimples & fi groſſiers en apparence, n'en font pas moins perfuadés de leur fupériorité fur les femmes, & fçavent très-bien faire valoir les prérogatives de leur fexe.

____

(*f*) Efpèce d'Eperlans.

Ils mangent seuls, & se font servir
par leurs épouses, qui n'osent toucher
à rien que leurs maris ne se soient levés.
Si la femme manque à son devoir, le
mari la corrige à coups de bâton, sans
qu'elle en garde aucune rancune, &
qu'elle paroisse vouloir se venger (g).
Le sang de Chien marin est pour eux
une grande chère. Lorsqu'ils pren-

____

(g) La supériorité de l'homme sur la femme est-
elle donc naturelle ou usurpée? Nous ne prétendons pas adopter de paradoxe; mais nous nous con-
enterons d'observer que, chez tous les peuples de
la terre, chez les plus sauvages, chez ceux même
qui semblent n'avoir au dessus des bêtes que la forme humaine & un instinct un peu plus étendu, on
voit les hommes maîtriser les femmes, même d'une
façon tyrannique, & celles-ci n'opposer à ces duretés que les armes de la coquetterie. Les uns sont les
souverains, les autres les esclaves. La nature n'au-
roit-elle départi aux femmes les agrémens de leur
personnes & cette ardeur universelle pour tout ce
qui peut les embellir, qu'à dessein de faire servir ces
agrémens à gagner le cœur des maîtres qu'elle leur
avoit donnés? Cette question seroit bientôt resolue
par un habitant de l'orient, un Musulman. C'est un
problême pour un François. Nous nous garderons
bien de le résoudre.

nent

nent un de ces animaux , ils ont grand foin d'empêcher qu'il ne perde fon fang. Ils le confervent précieufement pour eux-mêmes , & n'en donnent point à leurs femmes. Quand ils en ont beaucoup , ils le boivent pur : dans le cas contraire, ils le jettent dans leur chaudron pour donner un haut goût à leurs viandes.

Ils n'ont pour toute boiffon que de l'eau pure, & de l'huile de Baleine. Il y en a à qui l'on a appris à boire de l'eau de vie, & ils en fupportent beau-coup avant que d'être ivres ; ce qui vient fans doute ou de ce que l'huile & la graiffe, dont leur eftomach eft en-duit, facilitent un paffage fi rapide à l'eau de vie, que fes particules fpiri-tueufes n'ont pas le temps de monter au cerveau ; ou de ce que les mêmes particules capiteufes de cette liqueur, s'embarraffent & s'enveloppent dans cette graiffe. Ils n'ont jamais pu s'ac-coutumer à fumer du tabac : il leur paroît trop piquant fur la langue.

Les Groenlandois n'ont point d'au-tres occupations que la pêche & la

chaſſe. Les femmes les aident, lorſqu'elles n'ont rien à faire dans l'intérieur de leurs maiſons ; mais elles ſont
chargées principalement de faire la
cuiſine , des détails du ménage , de
l'éducation des enfans , & de coudre
les habits & les inſtrumens de la chaſſe
& de la pêche. Ces peuples ſont infatigables , leſtes , & fort adroits à ces
deux ſortes d'exercices. Le beſoin &
le défaut de matériaux convenables,
leur a fait imaginer des inſtrumens ſi
ingénieux , & des artifices ſi bien rai-
ſonnés , qu'ils ſont dignes d'admiration. Les hameçons de leurs lignes
étoient d'os autrefois , mais les Danois
& les Hollandois , qui fréquentent ces
côtes , leur en fourniſſent de fer à préſent. Ils ont des filets de différentes
eſpeces. Ceux à petites mailles ſont
fait de nerfs de Daim tricotés & en-
trelaſſés fort proprement. Les autres
ſont tiſſus avec des fils minces & longs
de la barbe des Baleines. Ils manient
tous ces filets avec une dextérité ſin-
guliere , & prennent beaucoup de
poiſſon. Ils ſe ſervent auſſi de harpon

qui a une pointe crochue d'os, ou de fer, pour darder les Chiens de mer & les Baleines. Pour ne pas perdre ces inſtrumens, s'ils manquent le poiſſon, ou s'ils s'en détachent, ils ont ſoin de lier au milieu du harpon une veſſie de Chien de mer ſoufflée. Cette veſſie flottant toujours ſur l'eau, leur indique l'endroit où ils peuvent retrouver leur inſtrument. Les flèches dont ils ſe ſervent pour la chaſſe, varient en groſſeur, ſuivant l'eſpece d'animaux à qui ils en veulent. Celles deſtinées pour chaſſer les Daims, les Cerfs, les Lievres, & les gros oiſeaux aquatiques, ont une pointe d'os ou de fer; les autres, propres à la Perdrix & autres oiſeaux, n'en ont point. Les aîles de ces flèches ſont de plumes de Corbeaux.

Les Groenlandois ont deux ſortes de canots : les uns pour la pêche, & les autres pour voyager ou pour changer d'habitation. Les premiers ſont petits, longs, étroits, & ne portent qu'un homme. Ils ſont conſtruits par l'aſſemblage de quelques longues perches

liées avec des lames minces de barbes
de Baleines; ils sont par tout couverts
de peaux de Veaux marins bien cou-
sues avec des nerfs, à l'exception d'un
trou au milieu, qui a un rebord de côtes de Baleines, pour empêcher l'eau
du pont d'y entrer. Cette ouverture
est pratiquée de façon qu'un homme
seul peut y tenir & s'asseoir dans le
canot en étendant ses jambes en devant (*h*). De ce rebord, il s'éleve
tout autour un morceau de peau que
l'homme assis dans le canot, lie autour de son corps & qui empêche l'eau
de pénétrer dans la barque. Toutes
ces coutures sont enduites de graisse
& de goudron. On ne se sert que d'une
rame qui est terminée à chaque bout
par une espece de palette, comme
celle d'un battoir, en la tournant
alternativement à droite & à gauche.
La façon dont un Groenlandois est

(*h*) Ces canots sont aussi ceux des habitans de
l'Amérique septentrionale, qu'on appelle Esqui-
maux. *Voyage à la Baye de Hudson, de M. Ellis,
tom. II, pag. 22.*

agencé dans son canot, le met absolument à l'abri du naufrage & le
fait tenir la mer dans un temps où une
de nos chaloupes n'oseroit pas sortir.
On voit, avec surprise, un de ces
hommes & son canot renversés par une
vague, se relever fort adroitement &
continuer à voguer sans aucune crainte. Ceux qui n'ont jamais vu aller de
ces canots, ne peuvent bien concevoir avec quelle rapidité ils fendent les
flots. J'ai eu à moi, dit M. Anderson,
un homme qui sçavoit gouverner un
pareil canot, & je me suis donné le
plaisir de courir après lui avec une
chaloupe fort legère, dans laquelle
quatre hommes ramoient de toutes
leurs forces, sans avoir jamais pu le
joindre. Ces canots ont environ dix-
huit à vingt pieds de long. Ils sont si
legers que lorsqu'un de ces habitans
craint quelque surprise en mer, il
court à terre, charge son canot sur
son épaule, & s'enfuit aisément, même sur les montagnes. Les autres canots, qu'ils appellent canots de femmes, parce qu'elles y font les fonctions

de rameurs , peuvent contenir vingt
ou trente perfonnes. Ils font faits avec
des perches beaucoup plus fortes que
celles des petits canots , mais liées de
même & couvertes de peaux de Veaux
marins. Ils ont grande attention de
graiffer fouvent les coutures de ces
peaux , avec le refidu que donne la
graiffe de Baleine ou de Chien marin
lorfqu'on en tire l'huile. Ces barques
ont fur le devant un petit mât qui
porte une voile faite de boyaux de
Baleine féchés & coufus très-ferrés.
Trois ou quatre hommes peuvent en
porter une affez loin , & traverfer les
glaces fans peine. C'eft de ce canot
dont ils fe fervent, comme nous avons
dit , pour conferver leurs pelleteries.

Après la peinture qu'on vient de
voir , on préfume bien que la galan-
terie Groenlandoife n'eft pas beaucoup rafinée ; auffi les fiançailles & les
mariages font-ils fans cérémonies. Un
homme qui veut fe marier, ne s'in-
quiette que de fçavoir fi la fille qu'il
recherche eft entendue au ménage ,
& fi elle fçait bien coudre. Celle-ci

de son côté, demande si son amou‑
reux est adroit à la chasse & à la pê‑
che, s'il y est heureux & assidu.

La mariée n'apportant point de dot,
& le marié n'ayant point d'héritage à
laisser, ils n'ont point de discussion
d'intéréts, point de contrat à passer;
l'affaire est presque aussitôt conclue
que proposée. Un jeune homme a‑t‑il
dessein de prendre une femme ? il con‑
sulte ses parens, & leur nomme l'ob‑
jet de ses desirs. Si les parens approu‑
vent son choix, ils font parler à ceux
de la fille. Ces propositions sont fai‑
tes ordinairement par de vieilles fem‑
mes : celles‑ci amenent insensible‑
ment dans leur conversation l'éloge
du jeune homme qu'elles ont dessein
de proposer, & exposent ensuite leur
demande. La fille, qui quelquefois est
présente, se retire comme par mode‑
stie. Dans le cas où les parens acce‑
dent à la demande des vieilles, ils
rappellent leur fille pour lui en faire
part. Celle‑ci dénoue ses cheveux,
les éparpille sur son visage, & se met
à pleurer, en paroissant marquer quel‑

que répugnance , mais sans dire ni oui , ni non. Les vieilles la prennent aussitôt sous les bras , & l'emmenent avec elles. Quand elle est arrivée dans la maison paternelle de son amoureux, elle reste quelque temps assise toujours pleurant , sans que celui-ci lui dise un mot. Les parens sont les premiers à la consoler , en lui disant qu'elle sera contente de son futur. Il vient ensuite lui parler à son tour , & la prier de venir sans façon se coucher à son côté. Elle refuse d'abord , il redouble ses instances : elle cede , & la consommation du mariage termine bientôt la cérémonie.

Il arrive quelquefois qu'une nouvelle mariée retourne chez ses parens. Ceux-ci la gardent , & le mari est obligé de l'envoyer chercher. Lorsque la mariée a déserté deux ou trois fois de chez son époux , celui-ci pour terminer ce jeu , fait faire un sac , & les vieilles vont la rechercher. Les parens ne peuvent plus s'opposer à ce qu'on l'enleve de force. Les vieilles mettent la mariée dans le sac , &

le nouent par en haut, en ne laif-
fant fortir que fes cheveux. Elles trai-
nent enfuite ce fac jufqu'aux pieds du
mari, celui-ci délie le fac, aide fa
femme à en fortir, & l'embraffe (*i*).
Alors elle eft obligée de refter avec
lui malgré elle.

Quoiqu'il paroiffe que ces peuples
n'ont ni loix, ni principes fur le mariage, ils ont cependant l'attention,
au rapport des Danois, de ne prendre des femmes qu'au de-là du troifieme degré. Chaque Groenlandois
n'en a qu'une ordinairement (*k*). Ce-

____

(*i*) Leur façon d'embraffer eft de fe mettre nés
contre nés.

(*k*) L'Auteur de l'Hiftoire naturelle du Groenland,
trouve cette continence fort extraordinaire parmi un
peuple qui n'a point de loi. Ce qui peut y avoir de remarquable difparoîtra bientôt, fi l'on veut faire
attention, que l'afpérité du climat, l'efpece des alimens dont fe nourriffent les Groenlandois, ne font
guères propres à leur infpirer ces ardeurs de tempéramment qui portent, comme dit notre Auteur,
aux voluptés charnelles & à la polygamie. D'ailleurs, le befoin prefque continuel où fe trouvent

pendant ſi ſon humeur ne lui plaît pas, il en prend une autre , & la premiere retourne dans ſa famille. Quelques-uns auſſi ont deux femmes ; & ils diſent pour raiſon de ce ſecond mariage , qu'ils ont trouvé la ſeconde plus capable que la premiere , & qu'ils ont le moyen de les nourrir toutes deux. Les devoirs du mariage ſont ſacrés parmi eux , & l'on n'y connoit pas l'adultere. Lorſqu'un homme a eu des enfans d'une femme , il ne lui arrive jamais de la répudier : il lui paſſe au contraire bien des défauts, & ils vivent dans l'union juſqu'à la mort.

Les femmes ſupportent ſans ſe plaindre les douleurs de l'accouchement, & ne ſont retenues que peu de temps après. Leur tendreſſe pour leurs en-

------

ces peuples , de ſe livrer aux plus rudes exercices, pour pourvoir à leur ſubſiſtance, bien loin d'allumer en eux les feux de la concupiſcence, ne peut manquer de les éteindre & d'énerver leurs facultés en tout genre. La preuve en réſulte par le peu d'enfans qu'on voit en chaque famille.

fans n'a point de bornes, & le foin qu'ils en prennent eft fans égal. Ces enfans n'ont point d'autre berceau, pendant le jour, que le dos de leurs meres qui leur donnent à teter par deſſus leurs épaules. On ne les fevre qu'à trois ou quatre ans. Ils vivent dans la plus grande liberté. Quoiqu'il n'y ait pas d'exemple qu'un Groen‑ landois ait corrigé fon enfant, il n'en eft pas plus enclin au libertinage. Sans avoir l'apparence de cette foumiſſion aveugle qu'on voit pour leurs parens, dans les enfans bien élevés de nos climats, les petits Groenlandois obéiſ‑ fent fans murmure, à leurs pere & me‑ re, & reftent auprès d'eux juſqu'à leurs mariages.

La façon de vivre de ces fauvages annonce aſſez qu'ils n'ont parmi eux ni fciences ni arts. Ils ignorent abfo‑ lument ce qui s'eft paſſé avant eux, & ne fçavent pas même quel eft leur âge. Ils calculent cependant par le cours de la lune, le temps où les Baleines reviennent fur leurs côtes, & fe trompent rarement. Lorfqu'ils

F vj

ſont ſur mer, la petite & la grande Ourſe, les Pléïades (*l*) leur ſervent de bouſſole.

Chaque famille étant pourvue de tout ce qui lui eſt néceſſaire , le commerce n'a pas lieu parmi ces peuples. Celui qu'ils font avec les étrangers , ſe réduit à peu de choſe, parce que leurs beſoins ne s'étendent pas bien loin. Leurs marchandiſes ſont de la graiſſe & des barbes de Baleines ; des cornes de Licornes ; des peaux de Daims , de Veaux & de Chiens marins, & d'autres animaux. Ils prennent en échange, de groſſes étoffes de laine, de groſſe toile , des chaudrons de fer-blanc & de laiton, du fer , &c. L'or & l'argent monoyés n'ont aucun cours dans ce pays , & y ſont même tout à fait inconnus. L'utilité & la rareté du fer lui donnent au contraire une valeur réelle. Un Groenlandois préfere toujours une couple d'éguilles ou un tympanon d'enfant à

____

(*l*) C'eſt ſur ces mêmes étoiles que les Anciens dirigeoient leur navigation.

une piece d'or quelle que foit fa valeur. Les aiguilles leur font très utiles,
& le tympanon leur plaît beaucoup,
parce qu'ils aiment avec paffion le
chant & la mufique. Ils ne manquent
pas, chaque fois qu'ils s'affemblent,
d'ouvrir leurs conférences par un repas où ils mangent abondamment. Ils
fe levent enfuite pour chanter & dan-
fer au fon d'un tambour. Cet inftru-
ment eft un cercle un peu large,
compofé d'os d'animaux. Sur ce cercle eft étendue une peau bien ferrée
tout autour. Comme ce tambour n'eft
pas garni de peau par en bas, ils y
font entrer un bâton avec lequel ils
font le plus de bruit qu'ils peuvent.
Celui de la troupe qui ouvre le jeu,
prend le tambour & fe met au milieu
d'un cercle que les autres forment autour de lui. Il accompagne le fon de
fon tambour, de plufieurs chanfons,
dont leurs voyages, la pêche & la
chaffe font l'objet (m). Il danfe auffi

____

(m) Ils chantent auffi d'autres faits qui les nté-
reffent. Notre auteur obférve que les Danois leur

toujours en chantant, & faifant mille poftures rifibles. Les autres, tant hommes que femmes chantent avec lui, & fautent tantôt fur un pied, tantôt fur l'autre. Celui du milieu eft-il las ? un autre le remplace; & tous fe fuccedent ainfi, jufqu'à ce que l'excès d'une fatigue générale les faffe renoncer de concert au divertiffement. Toutes leurs conférences, leurs trocs, leurs arrangemens de pêche & de chaffe, fe font en danfant, & en chantant au

---

ont entendu chanter des vérités qui regardoient ces derniers. Ils difoient qu'ils étoient venus (les Danois) en Groenland, pour tromper les pauvres habitans, attraper leurs belles marchandifes, débaucher leurs femmes, &c.

On peut juger de-là s'il eft vrai que ces peuples ont, ainfi que quelques Auteurs veulent nous le faire croire, l'ufage indécent d'offrir leurs femmes & leurs filles aux étrangers, & s'ils penfent qu'une femme acquiert par-là un nouveau mérite à leurs yeux. Nous avons fait d'ailleurs les recherches les plus exactes pour fixer notre jugement à cet égard. Tout ce que nous avons trouvé, ne fert qu'à infirmer les témoignages de ces relateurs infidèles, dont s'appuyent les amis de l'extraordinaire.

son du tambour. Il sert encore à vuider leurs querelles particulieres : si quelqu'un d'entre eux a reçu quelque offense d'un autre, il remet sa vengeance à la premiere assemblée. Alors il entre dans le cercle avec un tambour. Là, en dansant & chantant, il se plaint de la méchanceté & de l'injustice de celui qui lui a fait quelque tort. Celui-ci se défend à son tour, sur le même ton, & de la même maniere. Les spectateurs rient, & la dispute est terminée ; les plaideurs contents, s'en retournent bon amis. Ils estiment tant leur tambour, qu'ils font mille caresses aux étrangers qui veulent bien en jouer & l'accompagner de leur voix.

Les jeunes gens ont plusieurs jeux & exercices relatifs à la façon de vivre de leurs peres, tels que l'arc, une espece de jeu de paume, la course, la lutte, &c.

En général les Groenlandois sont simples, sans être stupides. Quoiqu'ils n'aient ni loix ni règles de bienséance & de politesse, ils sont sociables, paisibles & sécourables entre eux. L'u-

nion & l'égalité dans laquelle ils vivent, méritent les plus grands éloges.
Leur amitié ne ſe produit ni par des
complimens, ni par des révérences.
Quand quelqu'un arrive chez un autre pour lui faire viſite, il ne ſalue
point en entrant, & celui-ci ne ſe dé-
range pas. Il montre ſimplement du
doigt une place pour s'aſſeoir à celui
qui fait viſite, & il s'y place auſſitôt. Lorſque le *viſitant* veut ſe retirer,
il ſe leve & s'en va, ſans que ni l'un
ni l'autre perde une ſeule parole à
aſſurer ſon ami d'une amitié qu'il n'a
pas deſſein de rompre. L'envie, la
haine, la trahiſon & les voies de fait,
ſont des choſes inconnues parmi eux.
Ils n'ont jamais de guerre avec leurs
voiſins : leurs armes mêmes ne ſont
bonnes que pour la chaſſe.

La jeuneſſe non mariée eſt d'une
ſageſſe exemplaire, & rarement on
entend parler de débauche entre les
deux ſexes. Les Danois ont ſouvent
eu envie de ſéduire quelques filles du
pays, mais jamais ils n'ont pu en
venir à bout.

Ces pauvres habitans n'ont ni fer-
rures ni armoires : cependant perfonne ne perd rien. Une efpece d'inftinct
femblable à celui des bêtes, les porte
à faire entre eux certaines actions bonnes & utiles, & à éviter ce qui pourroit leur être nuifible. C'eft fur ces
ménagemens que font fondées la ba-
fe de leur affemblage tumultueux & la
tranquillité publique. Un Groenlandois, dans les circonftances où il fe
trouve, ne peut fuffire feul aux exercices qui lui fourniffent fa nourriture. Il eft obligé de fe conferver l'amitié des autres, de partager leurs travaux pour qu'ils partagent les fiens,
de contribuer à la chaffe, à la pêche,
s'il veut participer au produit. L'un
ne poffédant que les mêmes chofes
que l'autre, il n'eft pas tenté de lui
ravir un bien qu'il ne defire pas, &
que celui-ci n'auroit pas de peine
à reprendre la nuit ou en fon abfence ;
c'eft ce qui fait qu'il ne fe commet
pas de vol entre eux.

Leur façon de penfer n'eft pas la
même à l'égard des étrangers. Ils les

estiment beaucoup moins qu'eux-mêmes , & ils sont persuadés que les autres nations viennent de la leur. Ils
ne leur font bonne mine que par crainte , & parce qu'ils les regardent comme plus fortes & plus braves qu'eux.
Ils les volent sans scrupule , lorsqu'ils
peuvent le faire avec sureté. S'ils reçoivent du bien d'un étranger , ils ne
lui en marquent pas la plus legere reconnoissance. On rapporte même que
quelque temps avant l'établissement
de la colonie Danoise , un matelot
s'étant trop avancé dans le pays , des
Groenlandois l'avoient assommé , &
en avoient succé le sang avec beaucoup d'avidité , par des ouvertures
qu'ils lui avoient faites en différens
endroits du corps.

Ces Sauvages n'ont pas plus de
religion que de principes de morale.
La connoissance d'un Dieu , d'un
créateur , leur est absolument étrangere. Ils n'ont pas même dans leur
langue de mot pour designer un être
suprême. On trouve cependant sur les
côtes les plus orientales , quelques

veſtiges qui prouvent qu'il y a eu jadis un culte religieux établi. C'eſt un nouveau témoignage en faveur de ceux qui prétendent que ces barbares ont exterminé ceux qui habitoient ce pays avant eux, & qui étoient vraiſemblablement les deſcendans des coloniſtes Iſlandois qui y paſſerent avec Eric, ainſi qu'on l'a vu ci-devant. Ces barbares n'ont abſolument aucune idée d'idole, de ſacrifice, ni d'adoration. Tous les jours ſont pour eux des jours de travail, & on ne voit pas qu'ils faſſent jamais le moindre acte de religion, ſoit aux naiſſances, aux mariages, ou aux funérailles. Ils s'imaginent que tout ce qui exiſte a été de tout temps, & s'eſt formé de luimême. Si on leur démontre qu'il n'eſt pas poſſible que le ſoleil & les corps naturels ayent pu être formés autrement que par la main d'un créateur, de même que leurs canots ſont faits par eux, ils conviennent qu'il faut qu'il y ait eu un auteur de toutes choſes; mais ils diſent toujours qu'ils ne le connoiſſent pas, qu'ils ne ſçavent ni qui il eſt , ni où il demeure. La préſomption de quelques-uns s'étend pourtant au point de dire que le créateur du ciel & de la terre , devoit être de leur nation. S'ils pendent à leurs cols certains colliers pour ſe préſerver de maladie , ou pour être heureux dans leurs entrepriſes , ce n'eſt pas qu'ils conçoivent une vertu ſurnaturelle , divine ou démoniaque dans ces colliers , c'eſt une tradition qu'ils ont reçue : ils pratiquent cet uſage ſeulement parce qu'ils ont appris qu'il ſe pratiquoit , & ils ne réfléchiſſent pas s'il eſt bien ou mal fondé. L'opinion qui paroît la mieux établie parmi eux , c'eſt l'immortalité de l'ame ; mais ils ne comprennent pas ſa ſpiritualité , puiſqu'ils lui ſuppoſent les mêmes inclinations qu'au corps qu'elle animoit , & qu'ils croient qu'elle va revivre dans un pays abondant en pêche & en chaſſe. De-là leur eſt venue la coutume d'enterrer avec les morts , tout ce qui ſervoit leurs beſoins & leurs goûts.

Lorſqu'un Groenlandois vient à

mourir, la famille s'affemble ; fon plus proche parent eft obligé de le porter fur fon dos, jufqu'au lieu deftiné à l'enterrer. Là il étend le cadavre tout habillé dans une foffe non creufée, mais formée par des gazons & des pierres élevées à un pied de terre. Ils dépofent à côté du mort tous fes uftenfiles de pêche & de chaffe, après les avoir mis en pieces. Ils couvrent enfuite le corps de deux peaux de Veaux marins, & la foffe entiere de pierres & de gazons. Cette cérémonie eft toujours accompagnée de beaucoup de plaintes & de lamentations.

La famille s'affemble trois fois par jour, quelque temps après l'enterrement ; & enfuite de temps en temps pendant l'efpace d'une année, auprès du mort. Ils s'affeyent à terre, pofent leurs coudes fur leurs genoux, leur tête fur leurs mains, & pleurent quelque temps dans cette fituation. Si quelqu'un meurt fans laiffer de parens, tout le monde l'abandonne, & le corps refte où il eft mort. La caufe de cette défertion vient de la perſuaſion où ils ſont qu'un cadavre communique une grande impureté à ceux qui le touchent, à l'excéption de ſon plus proche parent.

A l'égard des enfans qui ſont morts, ils ont une ſuperſtition ſinguliére. Ils mettent à côté de lui la tête d'un chien, dans la crainte que cet enfant ne connoiſſant pas bien le pays des ames, il ne s'égare en chemin. Ce chien doit, ſuivant eux, lui montrer la bonne voie, ou plutôt le conduire au ſéjour des ames.

D E
L'ISLANDE.

L'ISLANDE est une isle qui appartient au Roi de Dannemarck. Les glaces, dont ses montagnes & ses côtes font couvertes, lui ont fait donner le nom d'*Eyslande*, mot Allemand qui signifie pays de glaces. Son étendue du levant au couchant est de deux cens vingt lieues, & du midi au nord d'environ cent lieues (*a*). Elle commen-

---

(*a*) Géographie d'Hubner, *tom. III, pag.* 107. Baudrand, *pag.* 530.

M. Lenglet ne lui donne que cent trente-six lieues de long, sur soixante-sept de large.

M. Lacombe a mal à propos adopté ce sentiment. Voyez l'Abrégé chronologique de l'histoire du Nord, *tom. I, pag.* 383.

Arngrimus Jonas, auteur Islandois, lui donne

ce environ au soixante-troisieme degré, & finit au soixante-septieme. Plusieurs auteurs modernes (*b*) croient
que l'Islande est la Thulé des anciens,
que Virgile désigne dans ses Géorgi-
ques, en parlant à Auguste, sous le
nom d'*Ultima Thule* (*c*). Séneque en

deux fois l'étendue de la Sicile, qui est de plus de
cent lieues.

Brevis commentarius de Islandiâ, in-12. Haffniæ
1593, pag. 5.

Bleffkenius est aussi du même avis. *Descriptio
Islandiæ*, in-12, *Lugduni Batavorum*, 1507, *pag.* 20.

(*b*) Pontanus, dans son histoire de Dannemarck.
Cazaubon, dans ses Commentaires sur Strabon.
L'Ariofte

M. de Vaugondy paroît avoir adopté ce sentiment, qui paroît le plus généralement reçu. Voyez
son Atlas de 1757. La Thulé se trouve à la place
de l'Islande, dans son *Orbis vetus*. Voyez encore
La Piazza universale di tutte le professione del mundo,
in luce da Thomasso Garzoni. Veneta, in quarto 1599,
pag. 337.

(*c*) . . . . tua Nautæ
Numina sola colant: tibi serviat ultima Thule.
        Georg. lib. I, v. 29 & 30.
Atque ingens pateat tellus
Nec sit terris ultima Thule.
        Senec. in Medeam.

parle

parle auſſi dans les mêmes termes; mais toutes les deſcriptions que nous avons de cette Thulé, paroiſſent ſe rapporter plutôt à la Scandinavie (*d*) qu'à l'Iſlande.

Le cercle polaire paſſe ſur ſon extrêmité ſeptentrionale (*e*). Dans la

---

(*d*) Les anciens donnoient ce nom à la preſqu'iſle qui renferme aujourd'hui la Suède, la Norvége, & le Dannemarck. Ils l'ont même priſe long-temps pour une iſle.

Voyez le Dictionnaire Géographique de la Martinière, à l'article *Thulé*, & à celui *Scandinavie*. La Géographie de la Croix, *tom. V, pag.* 511.

M. le Baron de Stralhenberg croit auſſi que la Thulé des anciens eſt ce qui comprend aujourd'hui la Suède, la Norvége & le Dannemarck. Voyez ſes mémoires ſur la Grande Ruſſie, *tom. I, pag.* 194. Ce qui prouve que l'Iſlande n'eſt pas la Thulé, c'eſt que Davity rapporte que Strabon, liv. 4, dit que cette iſle eſt un pays de plaine, qui porte du froment, ce qui ne peut ſe dire de l'Iſlande. *Le Monde de Davity, tom. XLII, pag.* 691.

(*e*) Quoique Varenius dans ſa Géographie générale, Bloffkenius, Arngrimus Jonas, la Peyrère, Blaen, La Croix, Hubner, & beaucoup d'autres, nous repréſentent l'Iſlande coupée preſque en deux parties égales par le cercle polaire, en la faiſant partie du nord, on voit continuelle-ment le foleil depuis la mi-juin jufqu'à la fin de Juillet. Au contraire dans les mois de décembre & janvier, on ne le voit point du tout. On jouit feulement à la fin de janvier, d'une lueur qui dure une heure & demie. L'aurore boréale éclaire ici comme au Groenland, & dédommage de la privation du foleil.

Il n'y a point en Iflande de faifons intermédiaires, qui féparent l'été de l'hiver. A une journée exceffivement chaude, fuccede quelquefois une nuit très-froide, pendant laquelle la campagne eft couverte de neige.

---

commencer au foixante-quatrieme degré, & finir au foixante-huitieme. Nous nous en fommes rapportés à l'opinion de M. de Vaugondy, dans fon Atlas, qui eft auffi celle de M. Bellin. *Voyez la Carte de l'Univers, à la tête du tom. VI, de l'Hiftoire générale des Voyages de M. l'Abbé Prevoft.* Elle paroît confirmée par des obfervations fures, & par la détermination moderne de la figure de la terre. C'eft ce qui fait auffi qu'on ne compte plus cette ifle parmi les terres arctiques.

Le plus grand froid regne ordinairement dans le mois d'avril ; foit parce que, à ce période, le foleil a été
le plus long-temps éloigné de l'ifle ,
ou que les vents qui foufflent con-
ftamment du nord , amenent beaucoup plus de particules glaciales que
dans d'autres temps.

L'Iflande, felon M. Anderfon , paroît avoir été détachée de notre continent par quelque bouleverfement furieux , arrivé anciennement, ou peut-
être, dit cet auteur , par le déluge
univerfel dont on trouve par tout des
marques très apparentes. Elle eft d'u-
ne figure tout à fait irréguliere , &
remplie de débris énormes de rochers
& de crevaffes affreufes. Une chaîne
de montagnes très-élevées & couvertes , à la hauteur de plufieurs toifes ,
de glaces & de neiges qui ne fe fondent jamais tout à fait , traverfe cette
ifle d'un bout à l'autre & en rend l'intérieur inhabitable. Tout le terrein eft
tellement hériffé de fragmens de rocs,
ou coupé par des précipices difperfés
de côté & d'autre, que les chemins

sont absolument impraticables pour les voitures. On ne sçauroit y voyager qu'à pied, ou tout au plus à cheval, en quelques cantons; mais il faut y apporter les plus grandes précautions, pour le garantir des abîmes qu'on rencontre à chaque pas.

Il ne se trouve en l'Islande ni villes ni bourgs. Quelques cabanes dispersées tout le long des côtes, ou à quatre à cinq lieues au plus; quelquefois ramassées au nombre de dix ou douze, & placées, chacune, dans un terrein circonscrit par des paturages qui, le plus souvent, déterminent à bâtir: tel est le tableau des villages Islandois. Un pere de famille trouve un endroit convenable, il y bâtit, & s'approprie tout le terrein qui environne sa chaumiere, & qu'il croit pouvoir cultiver par lui même ou par les siens. Cette maniere de se loger sans ordre, & à sa volonté, en usage depuis long-temps dans ce pays, contribue beaucoup à rendre les habitations éloignées les unes des autres, & nuit de même à leur communication. Il est

vrai que la conſtitution intérieure de
l'Iſlande, concourt encore à la rendre deſerte, & à en faire le plus miſérable pays du monde.

On y rencontre beaucoup de mines de fer, de minéraux chargés de
ſoufre & de bitume, & un grand nombre de Volcans.

Tous les élémens ſemblent conju-
rés contre l'exiſtence de cette malheu-
reuſe iſle, & s'entr'aider pour la bou-
leverſer de fond-en-comble. Ici, des
vallées renfermant dans leur ſein quantité de nitre, de bitume, & de groſſes
maſſes de ſoufre chargées de mines
de fer, donnent lieu à des embraſe-
mens qui portent par tout la mort &
la ſtérilité. Là, une maſſe contigue de
rochers, dont le dedans caverneux
eſt rempli de toutes ſortes de matieres bitumineuſes & minérales, perpétuellement en fermentation, cauſe de
fréquens tremblemens de terre, qui
ſemblent la diſſoudre juſques dans ſes
fondemens. Ce n'eſt pas tout encore:
lors de l'éruption de ces montagnes
brulantes, des torrens impétueux,

formés par la fonte ſubite des neiges
& des glaces qui couvroient leurs ſommets (*f*) , ſuivent bientôt les ruiſſeaux
de feu & de minéraux fondus , vomis
par les volcans. Le ravage de ces
inondations s'étend même beaucoup
plus loin. Hommes, maiſons, bétail,
rien n'échappe à leur fureur. Ces terribles débordemens briſent , renver-
ſent & entraînent à des diſtances énormes, tout ce qui s'oppoſe à leur impé-
tuoſité ; ne laiſſant ſur leur paſſage
que des traces profondes d'horreur
& de déſolation.

(*f*) C'eſt peut-être la fonte ſubite dé ces neiges,
arrivée par le feu de ces montagnes, qui a donné
lieu à quelques auteurs de dire , d'après Bleffkenius,
que l'Hécla vomiſſoit les torrens d'eau chaude,
qui bruloit comme de l'eau de vie *. Au reſte , c'eſt
un doute que nous propoſons , & nous ſommes bien
éloignés de taxer d'erreur les auteurs qui ont cité ce
fait. Leur juſte célébrité mérite toute la vénération
du public , & c'eſt avec bien du plaiſir que nous con-
feſſons ici que nous adhéronsà ſes ſentimens.

* *Hiſt. nat. de M. de Buffon , tome II , page* 296.
La Peyrere , Relation d'Iſlande , pag. 33.

En 1729, un incendie de terre prit
fubitement dans le diftrict de Huuf-
wich fitué au nord de l'ifle. Un village fut entiérement ruiné. Tout le
terrein cultivé, les maifons, les be-
ftiaux, furent réduits en cendres. La
flamme s'avançoit avec tant de rapidité, que les hommes eurent à peine
le temps de fe fauver. Six paroiffes
voifines étoient ménacées des fuites
funeftes de cet accident ; cependant
il n'en périt que trois : les autres furent fauvées par un brouillard extrêmement épais & par une groffe pluie,
qui furvinrent quelques jours après le
commencement de l'incendie ; c'eft
ce qui éteignit heureufement ce feu,
dont la force étoit fupérieure à tout
l'art humain (g).

____

(g) On a vu en France de pareils phénomènes.
En 1682, à la fuite d'un tremblement de terre, on
vit fortir des flammes en plufieurs endroits, dans le
territoire de Remiremont, près Plombières. Il eft
vrai cependant que ces flammes ne bruloient pas ce
qu'elles rencontroient ; & c'eft une particularité
affez remarquable. *Voyez les Mémoires de l'Académie*

Une montagne, située à l'oueft, qui n'avoit jamais brulé auparavant, s'enflamma tout d'un coup, en 1721, & vomit une pluie affreufe de pierres & de cendres noires. L'air en fut tellement obfcurci, & la fumée étoit fi épaiffe, qu'on ne vit le foleil de trois jours. Tout le poiffon féché qui étoit alors dans l'ifle, fut noirci & entièrement corrompu par cet accident. Les chevaux & les bêtes à corne des endroits par où les cendres avoient paffé, eurent pendant deux ans, la bouche coupée & gatée par le fable fin, ou les petites pierres tranchantes qui étoient vraifemblement mêlées dans les cendres. Il y eut même de ces cendres qui furent portées par le vent à trente lieues de cette montagne. Le feu prit en même temps au

des Sciences, année 1699, _tom. II, pag._ 341. La gazette de Londres du 20 juillet 1762, fait auffi mention de deux incendies de terre confidérables, arrivés le mois précédent, dans le comté d'Yorck, & dans celui de Northumberland, aux environs de Newcaftle.

bas pays qui touchoit la montagne , & s'étendit à dix-huit lieues sous terre. On dit qu'il ne s'éteignit que plus d'un an après. Ce qu'il y eut de plus singulier , c'est que la force de l'explosion détacha un fragment de rocher d'une grosseur énorme , qui fut jetté à une lieue du volcan , & de là porté , par la force du coup , une lieue avant dans la mer. Malgré la profondeur de l'eau en cet endroit , ce morceau s'élevoit au commencement , de soixante brasses au dessus de la surface de la mer.

En 1726 , dans la partie septentrionale de l'isle , une montagne d'une hauteur considérable , s'enfonça dans une nuit , par un tremblement de terre , & un lac très-profond prit sa place. A une lieue & demie de cet endroit & dans la même nuit , un autre lac , dont on ignoroit la profondeur , fut entiérement désséché , & son fond s'éléva de manière à former une monticule assez haute , qu'on voit encore aujourd'hui.

L'Islande se divise ordinairement

en quatre parties , qui correſpondent aux points cardinaux du monde.

C'eſt dans la partie méridionale qu'eſt ſitué le mont Hécla , ſi fameux par ſes incendies. Voici la deſcription qu'en a laiſſé un voyageur (*h*), qui monta une demi-lieue ſur le volcan , & à qui la curioſité penſa être auſſi funeſte qu'elle l'avoit été à Pline ſur le mont Véſuve.

» A une demie lieue du mont Hé-
» cla , nous trouvâmes la terre toute
» couverte de cendres & de pierres-
» ponces , à travers leſquelles nous
» cheminâmes juſques au pied du
» mont.

» Le temps étant fort ſerein , & ne
» voyant point ſortir de la monta-
» gne aucuns feux , ni flammes , ni
» fumée , nous prîmes la réſolution

(*h*) De la Martinière , chirurgien de vaiſſeau. *Voyage aux pays ſeptentrionaux, in-12 , Paris ,* 1676, *page* 290 , *& ſuivantes.*

Voyez auſſi Arngrimus Jonas , pag. 18. Bleff-kenius , Voyage au Groenland , par P. de Méſange, Cordelier ; *tome II , page* 198.

» de monter jusques au haut, quoi-
» que nos guides puſſent dire pour
» nous en détourner.

» Un marchand Danois ayant dit
» qu'il vouloit me faire compagnie,
» nous donnâmes nos chevaux à te-
» nir à notre guide, & nous mon-
» tâmes à travers les cendres & les
» pierres-ponces, y entrant juſqu'à
» mi-jambe, prétendant aller juſques
» au haut où nous vîmes voler quan-
» tité d'oiſeaux noirs, qui étoient des
» Corbeaux & des Vautours qui y
» nichent.

» Après avoir monté demi lieue,
» nous ſentîmes la terre trembler ſous
» nos pieds, & entendîmes un gro-
» mellement & tintamarre ſi grand
» dans les entrailles de cette monta-
» gne, qu'il ſembloit qu'elle vouloit
» s'effondrer; &, dans ce même temps,
» parut de tous côtés autour & pro-
» che de nous, des fentes d'où ſor-
» toient des flammes bleuâtres, puan-
» tes & ſentant le ſoufre brulé, ce qui
» nous fit rebrouſſer chemin, crain-
» te d'être conſommés.

G vj

» Ayant deſcendus une trentaine
» de pas, il ſortit de ce mont une
» bouffée de cendres ſi groſſes, que
» le ſoleil s'en obſcurcit, & nous
» couvrit de telle façon que nous ne
» nous voyons pas l'un l'autre. Ce
» qui nous donna encore plus de
» frayeur, fut de voir ſortir de mo-
» mens en momens de derrière nous
» des bouffées de feux, de cendres,
» & de pierre-ponce qui tomboient
» ſur nous comme greſle, & des gro-
» mellemens ſous nos pas qui nous
» faiſoient jetter des cris épouvanta-
» bles, croyant que toutes les furies
» infernales ſortoient de ce mont pour
» nous accabler, & attendant à tout
» moment que la terre s'ouvrit pour
» nous engloutir. Nous ne laiſſions
» pas toutesfois de courir en deſcen-
» dant, tant que nous avions de for-
» ces, pour fuir le danger où nous
» avoit mis notre curioſité.

» La peur nous donna tant d'agili-
» té, qu'en un quart d'heure nous ar-
» rivâmes près de nos gens, qui ſe
» mirent à rire de nous voir pâles,

» & si bien ajustés que l'on auroit dit
» qu'on nous avoit plongés dans du
» noir à noircir ; mais ce ris leur
» passa aussitôt qu'ils nous virent tom-
» ber à leurs pieds comme morts , les
» esprits & la parole nous manquant.
» On nous frotta les temples , les na-
» rines , & les mains de vinaigre , &
» cela nous fit revenir ; après quoi
» nous continuâmes notre route.

A une demie lieue du Mont-Hécla ,
on rencontre un lac d'eau douce toujours chaude , mais beaucoup plus en
hiver qu'en été. Ce lac , au rapport
des habitans du pays , a la propriété de s'enflammer de lui-même , trois
fois par an. Il brule pendant quinze
jours , & jette des petites flammes
fort claires. Lorsqu'elles sont éteintes,
une forte fumée leur succède & dure
pendant quelques jours (i).

____

(i) Il se trouve près de Grenoble en Dauphiné ,
une fontaine , sur laquelle des exhalaisons prennent
feu à l'approche d'une bougie allumée, & donnent
une flamme assez vive. M. Anderson donne l'explication de ces phénomènes, d'une manière très-pro-

Dans la partie septentrionale de l'isle, près de l'endroit où arriva l'incendie dont nous avons parlé, il y a une fontaine chaude qui bouillonne régulièrement trois fois tous les quarts d'heure. Elle commence d'abord à s'élever un peu ; elle monte plus haut & sort à la fin de terre. Elle s'abaisse de même à trois reprises & continue ce jeu alternatif nuit & jour pendant toute l'année. » A peu de distance de
» cette fontaine chaude , nous en
» trouvâmes une très-froide. (dit la
» Martinière) J'y mis dedans une
» baguette que j'avois , & l'ayant re-
» tirée, je fus surpris d'en voir le
» bout qui avoit touché au fond ,
» comme métamorphosé en fer , &

---

bable. Il en attribue la cause à des exhalaisons sulphureuses & bitumineuses , qui s'élèvent du rivage , & du fond du lac , & qui prennent feu ensuite , lorsqu'elles sont accumulées & condensées à un certain point ; ce qui arrive plus souvent dans un temps humide que par les grandes chaleurs , qui ne font que dissiper les vapeurs en les raréfiant. *Hist. nat. de l'Islande , tom. I , pag. 24 & 25.*

» aussi pesant ». Bleffkenius (*k*) remarque que ce qui touche au fond,
devient fer, ce qui est trempé d'eau se
pétrifie, & ce qui est au-dessus de
l'eau demeure bois. Il ajoute qu'il a
éprouvé deux fois la même chose,
& qu'ayant mis au feu ce qui lui sembloit fer, il brula comme du charbon.

On compte jusqu'à sept de ces fontaines chaudes, peu éloignées les unes
des autres, qui bouillonnent avec
beaucoup de force, à plusieurs reprises dans un jour. Les habitans même s'en servent à faire leur cuisine. A
cet effet, ils suspendent leurs viandes
à une corde dans l'eau, sans autre façon, & la retirent lorsqu'elle est cuite.
Quelques-uns la mettent dans une
marmite remplie d'eau froide, & la
suspendent dans la vapeur chaude qui
la fait bientôt bouillir.

Ces sources chaudes forment une
petite rivière, dont les eaux sont tiè-
des, fort bonnes à boire & à fournir
des bains très-salutaires.

____

(*k*) Descriptio Islandiæ. pag. 40.

Les montagnes de ce pays renferment du marbre (*l*) ; mais il ne paroît pas qu'il soit d'une bonne qualité, par le peu de recherche qu'on en fait. L'expérience d'ailleurs, apprend que généralement toutes les fortes de pierres communes ou précieufes, n'acquièrent pas dans les pays froids le même degré de dureté que dans les contrées méridionales. Il se trouve quelquefois dans les cavernes des rochers, des cryftaux ; mais ils font si mols & si fragiles, qu'ils ne sçauroient être travaillés.

Crystal d'Islande.

L'efpèce particulière de cryftal, connue fous le nom de cryftal d'Iflande, y eft très-commune, fur-tout au pied d'une montagne de la partie orientale. Il a la propriété fingulière de repréfenter doubles tous les objets qu'on re-

____

(*l*) Il y a quelques années que le Roi de Dannemarck a envoyé des ouvriers pour fouiller ces mines, & inftruire les Iflandois dans cet art.

garde au travers (*m*). Il devient feuilleté lorfqu'on le fait calciner dans un
creufet , & il acquiert alors la vertu de
luire dans l'obfcurité (*n*).

L'Iflande eft parfemée de pierres-
ponces. M. Anderfon , fur les rap-

(*m*) Quelques auteurs ont cru que c'étoit une
pierre talqueufe , à caufe de fon tiffu feuilleté ; d'autres l'ont regardé comme une efpèce de félénite ;
mais il eft conftant que le vrai cryftal d'Iflande eft
un fpath calcaire , & il ne faut point le confondre
avec d'autres fubftances qui lui reffemblent par la
figure rhomboidale , & par la tranfparence , mais
qui en différent par d'autres propriétés.

Huygens en a traité fort amplement dans fon ouvrage fur la lumière ; *in quarto, Leyde* 1690. ch.p. 5,
pag. 49.

Voyez auffi le Dictionnaire Encyclopédique , au
mot *cryftal* , & la continuation de la Lithogéognofie
de M. Pott, pag. 226, & fuivantes. Cet habile
chymifte relève avec raifon , M. Anderfon & M. de
la Hire , qui fe font trompés à l'égard du cryftal
d'Iflande.

Voyez les Mémoires de l'Académie des Sciences ,
avant 1699 , *tom. I , pag.* 286.

(*n*) Voyez les Mémoires de l'Académie des
Sciences , année 1710, *pag.* 341. La Minéralogie
de Vallerius, *tom. I, pag.* 117. Celle de M. Valmont de Bomare , *tom. I , pag.* 166.

ports qu'on lui a fait, croit que les montagnes ſont remplies de métaux. Il dit qu'on y trouve ſouvent des marcaſſites chargées de fer, du minéral de ſoufre, & quelquefois des pierres d'aigle, qui contiennent ordinairement beaucoup de fer.

Les bitumes, les tourbes, une eſpèce d'ambre noir, dont les morceaux brulent comme une bougie, ſont fort communs dans ce pays, & d'un grand uſage pour les habitans à qui ils tiennent lieu de bois.

SORTE D'AMBRE NOIR, OU GAGATE.

On y voit auſſi une autre eſpèce de pierre très-noire & très-luiſante, beaucoup plus dure que l'ambre noir (*o*).

─────────────────────────────

(*o*) Cette pierre, qui eſt une eſpèce de jais ou jayet, paroît être la même que celle connue des anciens, ſous la dénomination de pierre obſidienne, du nom d'Obſidius, qui l'apporta le premier d'Ethiopie. On lui a donné enſuite le nom de *Gagas*, *lapis thracius*, parce qu'elle ſe trouvoit en Lycie, dans la rivière de Gaga, près la ville du même nom. M. de Caylus, auſſi illuſtre par ſon amour

ſi on la fend par lames, elle devient demi tranſparente. Elle eſt plus opaque que le verre ; mais au reſte elle lui reſſemble en tout, & eſt en effet une véritable vitrification. On pourroit même, dit M. Anderſon, en faire des lames un peu plus épaiſſes & en revêtir les murs : l'effet en feroit le même que des miroirs. Il eſt vrai, ajoute cet écrivain, que nous ne ſçaurions la graver ni la ſculpter auſſibien qu'on faiſoit du temps de Pline. On en formoit alors des buſtes & des cachets ; mais cette circonſtance ne change pas le genre de la pierre. L'eſpèce ancienne étoit peut-être plus dure que celle d'Iſlande, & les Romains étoient aſſurément meilleurs graveurs & ſculpteurs que ne le font les Danois aujourd'hui. Ils appellent cette pierre, agathe noire, & ils en trafiquent des morceaux d'une bonne groſſeur. Cette pierre eſt ex-

---

pour les ſciences & les beaux arts, que par une naiſſance diſtinguée, a très-bien décrit cette pierre, dans un mémoire lu à l'Académie des Inſcriptions, le 10 juin 1760.

trêmement dure & fait du feu comme
la véritable agathe (*p*). Lorsqu'on en
casse un morceau, elle s'éclate comme le verre. Notre Auteur croit que
ce n'est autre chose qu'une scorie très-
unie & très-bitumineuse, vitrifiée par
l'action d'un feu violent. Il faut beaucoup d'adresse & de précaution pour
travailler cette scorie. Le roi de Da-
nemark a fait faire avec un morceau
de cette pierre, une jatte & son cou-
vercle, qu'il a fallu quatre ans pour
achever. On en fait des manches de
couteaux, & toutes fortes de bijoux
que les femmes portent en deuil.

Le soufre est la matière la plus abon-
dante qui se trouve dans cette isle :
elle fait même un objet de commerce
considérable. Pour peu qu'on creuse
au-dessous de la surface de la terre,
on trouve des morceaux de ce minéral
gros comme le poing. Il transpire aussi
en si grande quantité, qu'on en amasse

____

(*p*) Voyez la Minéralogie de Wallérius, *tom. I*,
pag. 363. Celle de M. Valmont de Bomare, *tom.*
II, *pag.* 266.

de grosses provisions en raclant les rochers avec un fer destiné à cet usage. Mais les habitans s'opposent à ce qu'on enleve du soufre de leur isle, parce que cela fait du tort à leur pêche. En effet les poissons s'éloignent bien vite des endroits où l'on lave la mine de soufre, & ils quittent entièrement la rade, s'il s'y trouve un vaisseau qui en soit chargé. Une barque de pêcheur, frottée tant soit peu de ce minéral, chasse le poisson, quelque part qu'elle aille. Souvent un pêcheur se sert de ce secret pour faire piéce à son voisin, ou pour se venger lorsqu'il a sujet de s'en plaindre.

Le sel ordinaire manque absolument en Islande, & les habitans s'en passent très-bien.

Le bois n'y est guère plus commun. Le peu qui s'en trouve consiste en saules, en bouleaux, dont les troncs ne sont pas plus gros que le bras. La hauteur de ces arbres n'excède pas six pieds. Il est plus ordinaire d'y rencontrer des ronces, des buissons, & des génévriers, qui servent à faire du charbon.

Quoique le tuf ne soit pas à une grande profondeur de la surface du sol de cette isle, il s'y rencontre cependant de bons paturages (*q*) arrosés d'eau. L'herbe y vient haute de plus d'un pied ; elle est entremêlée d'herbes odoriférantes & de plantes grasses qui donnent un goût exquis aux bestiaux, & qui les engraissent en peu temps. Tout ce qui reste sur terre après l'été est soigneusement recueilli par les habitans. Cette moisson ne se fait qu'avec une peine infinie, parce que le terrein raboteux ne permet pas de se servir de faulx ordinaires, & qu'on est obligé de couper l'herbe par petites parties, entre des tas de pierres & dans des creux de rochers peu accessibles.

(*q*) Bleffkenius, la Martinière & la Peyrere, s'accordent à dire que ces pâturages sont si excellens, qu'il en faut chasser le bétail, de crainte qu'il ne crève. M. Anderson ne parle pas de cette particularité. *Islandiæ descriptio*, *pag.* 49. *Voyez la Martinière*, *pag.* 189. *Relation de l'Islande*, *pag.* 30.

L'Islande produit beaucoup de plantes salutaires à ses habitans. Telles sont l'oseille, le cochléaria, & d'autres d'une vertu anti-scorbutique. De toutes les plantes de mer qui naissent dans ce pays, nous ne connoissons qu'une espèce d'algue marine. On la donne au bétail tant fraiche que sèche. Elle l'engraisse promptement, mais elle communique un goût si fade, à la chair, qu'on ne peut en manger sans répugnance. Dans des temps de disette, les habitans en mangent aussi, après l'avoir fait griller. C'est un bon purgatif, quand on en mange beaucoup.

Il n'est pas rare de trouver en ce pays des Cailles, des Bécasses semblables aux nôtres, & des Perdrix de la même espèce que celles que nous avons décrites à l'article du Groenland. On ne peut y nourrir de volaïlle domestique, telle que Poules, Pigeons &c. tant à cause du froid que du grand nombre d'oiseaux de proie dont l'isle fourmille ; les Aigles, les Faucons, les Vautours, les Eperviers,

les Hiboux , les Corbeaux (r) , &
plusieurs autres qui ont des noms particuliers , font ici très-communs.

Nous ne nous arrêterons qu'aux
deux premiers de ces oiseaux : les autres font assez connus pour que nous
soyons dispensés d'en donner la description.

Les Aigles font de plusieurs espèces ; mais tous d'une force étonnante. Ils font un tort considérable aux
habitans , en détruisant principalement le jeune bétail. Lorsqu'ils ont
une fois goûté de quelque cadavre

(r) On remarque , dit M. Anderson , que dans
plusieurs petites isles inhabitées des environs de
l'Islande , il ne s'y trouve qu'une paire de Corbeaux.
Lorsqu'il se font mis une fois en possession du terrein , ils en chassent tous les autres oiseaux qui
viennent pour s'y établir ; leurs petits mêmes font
expulsés de leurs états, dès qu'ils peuvent se servir de
leurs aîles ; il est inutile sûrement de joindre ici nos
reflexions sur ce fait. Quoiqu'il soit rapporté par M.
Anderson , naturaliste aussi sçavant que curieux ;
nous croyons qu'il est plus aisé de rire de ce conte ,
que de croire à l'existence réelle de la souveraineté
de ces Corbeaux.

humain ,

humain. Ils prennent fi bien goût à cette chair, qu'ils enlevent, dit M. Anderfon, des enfans de quatre à cinq ans, & les emportent dans leurs nids.

Les meilleurs Faucons de l'Europe fe tirent de la partie feptentrionale de l'Iflande. Le Roi de Danemarck y fait paffer chaque année des gens pour acheter autant de ces oifeaux qu'ils peuvent, & les apporter à Copenhague, d'où ce fouverain les envoie en préfent aux puiffances étrangères. Les Faucons blancs font les plus eftimés. Le Roi de Danemarck paie quarante-cinq livres pour un Faucon de cette forte, trente pour un gris mêlé de blanc, & quinze pour un gris (ſ).

____

(ſ) Olaus Magnus attribue la fupériorité des Faucons blancs fur les gris, à une caufe qui devroit être la même à l'égard des autres animaux, & qui eft démentie par l'expérience. Il dit que les corps blancs étant froids & humides, ils ont des chairs ramaffées, qui renferment quantité d'efprits, que la conftitution de leur chair ne laiffe pas évaporer; que de-là ils ont plus de force & de courage que les

Ces oiſeaux, lors de leur tranſport, demandent le plus grand ſoin & une attention particulière à les tenir proprement & fraîchement , ſans quoi leurs jambes s'échauffent & deviennent ſujettes à une eſpèce de goutte.

Les oiſeaux aquatiques arrivent en grand nombre ici dans le printemps. Tels ſont les Cignes , les Oyes , les Canards , les Plongeons , &c. & tous ceux que nous avons décrit à l'article du Spitzberg.

Le Canard qui donne l'Eidredon.

Nous ne parlerons que du Canard dont il y a bien des eſpèces. La plus remarquable eſt celle qui donne ce duvet ſi précieux, appellé *Eiderdunen* dans les pays du nord , d'où nous eſt venu le nom d'Eidredon , & le mot corrompu d'Egledun.

Le meilleur eſt celui que les Iſlan-

---

corps noirs ou bruns , dont le tiſſu des chairs étant plus lâche & plus poreux, facilite aiſément l'évaporation des eſprits , qui ſont les véhicules des forces. *Hiſt. Septentrion. lib.* 19 , *chap.* 23.

dois ramaſſent dans les nids de ces oiſeaux , & qu'ils ſe font arrachés eux-
mêmes pour y dépoſer leurs œufs.

On rapporte auſſi un fait remarquable de ce Canard ; c'eſt qu'en plan-
tant au milieu de ſon nid un petit bâton , d'un pied de haut , il pond juſqu'à ce que ſes œufs ayent couvert
la pointe du bâton & qu'il puiſſe les
couver. Les habitans ne manquent
pas de pratiquer cette invention , pour
ſe procurer une quantité de ces œufs
qui ſont d'un goût admirable. Mais
on ajoute que cette ponte ſurabon-
dante épuiſe tellement l'oiſeau , qu'il
en meurt.

Ce fait, raconté par M. Anderſon ,
ſemble être contredit par M. Erich
Pontoppidan , Evêque de Bergen ,
dans ſon Hiſtoire naturelle de Norvége. Il attribue auſſi à ces oiſeaux une
ſorte de ſenſibilité & de tendreſſe qui
mérite de nous arrêter un inſtant. » Ils
» viennent au printemps , dit cet écri-
» vain , ſur la côte , en grand nombre,
» pour faire leurs nids dans les fentes
» de rochers & ſur de petites iſles ;

» dans des touffes de broſſailles, ou
» ſur de grandes plantes marines. Ils
» dépoſent cinq ou tout au plus ſix
» œufs de couleur verte, auſſi gros
» que des œufs d'Oye, & d'une fi-
» gure un peu allongée. Si on enlè-
» ve les cinq premiers œufs, alors
» l'oiſeau n'en pond que trois, &
» dans un autre nid : ſi ceux-ci ſe
» perdent encore, il n'en pond plus
» qu'un ſeul. La mère couve ſes œufs
» ſeule pendant quatre ſemaines, &
» le mâle reſte au dehors, dans l'eau,
» à faire ſentinelle ; de ſorte que, ſi
» quelque chaſſeur, ou quelque bête
» carnaſſière en approche, il avertit
» la femelle, en criant : *hu ! hu !* Alors
» elle couvre ſes œufs de mouſſe &
» de duvet, qu'elle tient tout pret,
» & deſcend joindre ſon mâle dans
» l'eau ; mais il ne la reçoit pas avec
» douceur ; car, ſi par quelque acci-
» dent ſes œufs ſont perdus, il la mal-
» traite à coup d'aîles, qu'elle eſt obli-
» gée de ſouffrir patiemment ; en-
» ſuite il l'abandonne entièrement, &
» l'oblige à aller rejoindre le troupeau

» de son espece. Peu de jours après
» que leurs petits sont éclos, la mère
» les mène à la mer, & ne les aban-
» donne point, même dans la plus
» grande détresse. On l'a vue dans
» des temps de danger, prendre ses
» petits sur son dos, & les transpor-
» ter de son mieux, en nageant, lors-
» qu'ils ne pouvoient pas encore la
» suivre. Les Corbeaux & les Cor-
» neilles cherchent les nids de ces
» oiseaux, afin d'en sucer les œufs,
» ou de manger les petits : c'est ce
» qui fait qu'ils s'enfoncent d'un demi
» mille plus avant dans le pays, afin
» de trouver un endroit à pouvoir
» mieux cacher leur nid; & alors,
» quand les jeunes sont en état d'aller
» à la mer avec leur mère, elle se
» blottit par terre, pour leur donner
» la facilité de grimper sur son dos,
» & elle les emporte, en volant à
» fleur de terre.

Comme l'Islande est de tous côtés
fort éloignée du continent, il ne s'y
trouve ni gibier ni bêtes féroces. Au
mois de juin, on y voit quelquefois

arriver du Groenland des Ours portés sur de gros glaçons ; mais, dans ce temps, on établit sur les côtes des gardes qui avertissent dès qu'ils en voient un. Alors tout le canton s'attroupe, & ne quitte pas le rivage, que l'animal n'ait été tué.

Le Renards y sont vraisemblablement entrés sur les glaces , & ont beaucoup multiplié. Ils sont gris ou bleuâtres en été , & blancs en hiver.

Les seuls animaux domestiques des Islandois , sont les Chevaux , les Bœufs , les Cochons, les Moutons, les Chiens & les Chats ; & quelques Poules & Pigeons dans la partie de l'ouest.

LES CHEVAUX.

Les Chevaux d'Islande (*t*) sont pe-

____

(*t*) Les anciens auteurs rapportent que les Chevaux ont été de tous les temps si fort estimés des peuples septentrionaux, & surtout des Norvégiens & des Islandois qui descendent de ceux-ci , que cet amour excessif pour ces animaux, donnoit lieu à une vénération particulière, & à des superstitions

tits , courts & gros à proportion. Ils
ont beaucoup de force & de vivaci-
té. A l'approche de l'hiver, il leur
vient un poil extrêmement long , roide & épais, qui les garantit du froid.
L'habitude où font ces animaux de
vivre en pleine campagne , expofés
à toutes les viciffitudes des faifons ,
à courir de tous côtés pour chercher
leur nourriture, leur rend la plus grande fatigue fupportable.

L E S M O U T O N S.

Ces animaux font auffi très-petits ,

---

fans nombre. On trouve dans la vie de faint Olaus,
roi de Norvège, l'hiftoire d'une femme de ce royaume, qui confervoit très-précieufement la partie génitale d'un cheval , & qui l'honoroit comme le dieu
tutélaire de fa maifon & de fa famille.

Si l'on veut voir encore plufieurs exemples de la
prétendue faculté de raifonner, de deviner, & de
prédire le futur , dont quelques-uns de ces animaux
étoient doués, l'on n'a qu'à confulter l'ouvrage
moderne d'un Iflandois, qui porte pour titre : *Dif-
quifitio de Philippia , five amoris equini apud prifcos
Boreales. Per J. Erici. Lipfiæ,* 1755 , pag. 111, 112,
& 113. *Keyfleri , Antiquit. feptentr.* pag. 323 & 324.

& ne ſont pas mieux traités que les Chevaux. Chaque propriétaire marque ſes moutons, & les laiſſe toujours aux champs. Des cavernes, des éminences ſaillantes de rochers, ſont les ſeules étables qu'ils ayent dans l'iſle, & ils ſe nourriſſent comme ils peuvent. L'hiver ils ont l'inſtinct de ſuivre les Chevaux pour brouter le peu de mouſſe qui reſte dans les endroits dont ceux-ci ont détourné la neige pour eux-mêmes. On a obſervé que lorſqu'ils ſont fort preſſés par la faim, ils mangent le crin de la queue des Chevaux. Si un orage de neige les ſurprend ſubitement au milieu de la campagne, ils ſe joignent en grandes troupes, mettent leurs têtes enſemble, & reſtent ainſi, ſans ſe remuer, le dos couvert de neige. Il arrive ſouvent que ces beſtiaux ſe trouvent ſi fort attachés l'un à l'autre par le froid & par la gelée qui a glacé la neige qui couvre leur toiſon, qu'ils ne peuvent plus ſe débarraſſer : alors ils ſe rongent mutuellement la laine, juſqu'à ce que les payſans les aient tiré de cette situation. Ces Moutons ont une laine fort grosse & fort rude, ce qui vient de la rigueur du climat & de la mauvaise nourriture qu'ils prennent (*u*). C'est un avantage pour ceux-ci, dans les circonstances où ils se trouvent : on ne les tond jamais. Vers la mi-juin, il leur pousse une nouvelle laine qui détache l'ancienne. Celle-ci étant fort mêlée & entortillée, s'enlève par tout leur corps, comme une peau superficielle.

(*u*) Cette remarque est juste, puisqu'il est constant que plus les climats sont doux, & les pâturages délicats, plus la laine des moutons, & le poil des chèvres sont fins & tendres. Le rapport de Busbecq, dans son voyage en Turquie, confirme cette observation. Il parle des Chèvres de l'Asie mineure, qui ont le poil très-fin & très-long. Elles se nourissent, dit-il, d'une herbe fine & sèche, qui contribue beaucoup à la finesse de leur poil; car on a expérimenté que ce poil ne reste pas le même, si on les mène ailleurs, & qu'il change selon le pâturage au point, que les chèvres dégénèrent, & ne sont même plus reconnoissables. *Voyez la traduction de Busbecq, par M. l'Abbé de Foy, tom. I, pag.* 143.

H v

Tous les Moutons d'Iſlande, Brebis & Beliers ont des cornes très-grandes, courbées & un peu molles. Ces cornes ſont quelquefois au nombre de huit , mais communément réduites à quatre ou cinq ; ce qui eſt très-remarquable , car les Bœufs & les Vaches n'en ont point du tout (*x*).

(*x*) Il faut obſerver que les cheveux , le poil , la laine , les cornes , les plumes , &c. viennent originairement de la ſécrétion de certains fluides ſuperficiels , & ne ſont, à proprement parler , que des excrémens des corps, quoiqu'ils ſoient organiſés comme les plantes. Les ſucs froids , foibles , & aqueux , donnent un poil long & flaſque , des cornes hautes & molles ; au lieu que les ſucs chauds & ſpiritueux , produiſent un poil court , roide & ſerré ; des cornes ramaſſées & très-dures. Les cheveux des hommes ſont ordinairement roides , courts & ſerrés ; au lieu que ceux des femmes ſont doux , longs & unis. On peut inférer de-là , que les Bœufs d'Iſlande ne tirent pas de leur mauvaiſe nourriture aſſez de ſucs , pour qu'il puiſſe s'en former des cornes ; & qu'au contraire , les Moutons trouvant des alimens très-ſucculens pour eux , quoique humides & groſſiers ; c'eſt ce qui produit cette quantité de cornes molles qu'ils ont ordinairement. Tel eſt le ſentiment de M. Anderſon , pag. 67 & 68.

Les Corbeaux font ici beaucoup de ravage parmi les Agneaux. Ils fondent fur ces petits animaux, commencent par leur crever les yeux, & les mangent enfuite avec tant de voracité, qu'on n'a pas le temps de les en empêcher.

Les Bœufs & les Vaches fe reffentent auffi des effets du froid, & font très-petits. L'avantage qu'ils ont d'habiter avec les payfans, ne leur procure pas une meilleure nourriture pour cela. Le peu de fourage qu'on recueille dans cette ifle, rend très-économe; & on fuppiée à fon défaut avec de l'algue marine féchée, & quelquefois avec des poiffons fecs.

Les Chiens, les Chats & les Souris de ce pays, font comme les nôtres, & fe nourriffent de même.

  » Ces derniers animaux, dit M.
» Anderfon, font fort rares dans l'ifle.
» Le froid pénétrant, & le défaut de
» nourriture leur ôte les moyens de
» fubfifter dans la croute mince de
» terre qui couvre les rochers, & qui
» outre cela eft remplie de foufre. Le

H vj

» cimetière de l'ancien couvent de
» Widie a cette propriété singulière,
» que lorsqu'on y met des souris, el-
» les meurent sur le champ. La per-
» sonne de qui je tiens ce fait, l'a
» essayé plusieurs fois elle-même, &
» l'a trouvé toujours conforme à la
» vérité. Je crois, ajoute notre Au-
» teur, que, sans avoir recours à des
» raisons de superstition, on peut
» trouver la cause de cet effet extraor-
» dinaire dans les exhalaisons sulphu-
» reuses, qui sont ici plus fortes &
» plus abondantes que dans d'autres
» endroits. Nous sçavons, par ce qui
» a été dit ci-dessus, que le soufre est
» visiblement repandu presque par
» tout sur la superficie de l'isle ; & il
» y a apparence que, dans ce cime-
» tière, il s'en trouve une plus grande
» quantité qu'ailleurs, comme il se-
» roit aisé à un naturaliste de s'en as-
» surer, soit en y portant la flamme,
» si cela pouvoit se faire sans danger,
» soit par l'odeur, & en creusant la
» terre. Mon commissionnaire avoit
» apporté avec lui, à Copenhague,

>> plusieurs paquets de cette terre , &
>> l'on a fait différens essais sur les sou-
>> ris , mais sans réussite ; ce qui prou-
>> ve évidemment que ce n'est qu'aux
>> exhalaisons sulphureuses , & nulle-
>> ment à la terre du cimetière , qu'on
>> doit attribuer la cause de ce phé-
>> nomène (y).

La situation de l'Islande , la grande quantité de golfes & de bayes qui
s'y trouvent , rendent le poisson extraordinairement abondant sur les côtes. Les quantités immenses qui s'y
trouvent , fourniroient aisément matière à plusieurs volumes. Nous avons
décrit ci-devant ceux de ces contrées
qui nous paroissoient les plus remarquables ; la suite de notre dessein nous
engage à parler un peu du Hareng ,
dont le passage régulier mérite atten-

(y) La fameuse grotte de Pouzzol , dans le
Royaume de Naples, appellée la grotte des Chiens,
où tous les animaux meurent , s'ils y restent long-
temps , confirme assez ce raisonnement , sans qu'on
doive rechercher d'autres causes de ce prodige.
Voyez les Nouv. Voyag. d'Italie , tome II, page 63.

tion, & du Cabeliau qui fait la principale nourriture des Iſlandois.

PASSAGE DU HARENG.

Tout le monde connoit le Hareng,
& ſçait qu'il deſcend chaque année du
nord, par grandes troupes, depuis
pluſieurs ſiècles, malgré les quantités
prodigieuſes que l'on prend, & qui
ſont avalées par les gros poiſſons.

M. Anderſon s'eſt attaché à découvrir la ſource & la route de ces migrations. A force de recherches il eſt par-
venu à développer l'ordre de leur marche, d'une manière également cu-
rieuſe & préciſe. Nous allons emprun-
ter ici ſes termes, ou plutôt ceux de
l'écrivain eſtimable qui nous en a donné la traduction : mais il eſt bon d'obſerver d'abord, que les Harengs ſont
leur ſéjour habituel dans les abymes
reculés du nord. Les glaces immen-
ſes dont ces gouffres ſont toujours couverts, les mettent à l'abri des poiſſons
voraces, tels que les Baleines, les
Marſouins, &c, à qui la difficulté de
reſpirer ne permet pas d'habiter ſous

les glaces. Paisibles dans cette retraite , les Harengs multiplient si prodi-
gieusement , que la nourriture manquant, à leur grand nombre , il s'en
détache des colonies innombrables
qui vont chercher à vivre ailleurs.
À leur sortie de dessous les glaces ,
ils sont poursuivis par leurs ennemis ,
qui les chassent devant eux dans l'o-
céan , & contribuent à les disperser
sur toutes les côtes septentrionales.

» C'est au commencement de l'an-
» née que débouche la grande trou-
» pe de Harengs. Son aîle droite se
» détourne vers l'occident , & tombe
» au mois de mars sur l'isle d'Islan-
» de. Nous ne sçavons pas si cette
» colonne , avant d'arriver en Islan-
» de , n'envoie pas un gros détache-
» ment au banc de Terre - neuve.
» Nous ne pouvons pas dire non-
» plus , ce que devient le reste de
» celle qui défile le long de la côte
» occidentale de cette isle. Ce qu'il
» y a de certain , c'est que tous ses
» golfes , détroits , &c. sont remplis
» de Harengs & d'autres gros poissons

» qui fixent leur domicile ſur ces cô-
» tes, pour les attendre.

» L'aîle gauche, que nous con-
» noiſſons le mieux, s'étend vers l'o-
» rient. Après avoir détaché une co-
» lonne (z) qui raſe les côtes orien-
» tales & occidentales de l'Iſlande,
» elle deſcend la mer du nord, ſans
» ceſſe chaſſée par les Marſouins &
» d'autres poiſſons. Elle ſe diviſe à
» une certaine hauteur. Son aîle orien-
» tale dirige ſa courſe vers le Cap du
» nord, en deſcendant de-là le long
» de toute la côte de Norvége; en
» forte, cependant, qu'une diviſion
» de cette dernière colonne, cotoye
» la Norvége en droiture, juſqu'à ce
» qu'elle tombe, par le détroit du
» *Sund*, dans la mer Baltique, pen-

(z) Toutes ces colonnes de Harengs font ſi
épaiſſes, qu'on les apperçoit de fort loin, par la
couleur noire qu'ils donnent à l'eau, & par l'agitation qu'ils y cauſent. Si alors on va au devant d'eux,
& qu'avec une pelle, ou avec un autre inſtrument
creux, on puiſe de l'eau, on eſt certain de tirer
chaque fois, un grand nombre de Harengs.

» dant que l'autre divifion étant arri-
» vée à la pointe du nord du Jutland,
» fe fépare encore en deux colonnes,
» dont l'une défilant le long de la cô-
» te orientale du Jutland, fe réunit
» promptement par les *belts* avec celle
» de la mer Baltique, pendant que
» l'autre defcendant à l'occident de
» ce même pays, & cotoyant enfuite
» le Slefwick, le Holftein, l'évêché
» de Brême & la Frife, fe jette par
» le Texel & le Ulic, dans le Suder-
» fée; &, l'ayant parcouru, s'en re-
» tourne dans la mer du nord, pour
» achever fa grande route.

» La feconde grande divifion qui
» fe détourne vers l'occident, & qui
» eft aujourd'hui la plus forte, s'en
» va, toujours pourfuivie d'autres
» poiffons, droit aux Orcades, où les
» pêcheurs de Hollande ne manquent
» pas de les attendre au temps nom-
» mé (*a*), & de-là vers l'Ecoffe, où

(*a*) Il n'eft pas permis de pécher avant le vingt-
cinq juin ; parce que le poiffon n'eft pas encore arrivé à fa perfection, & qu'on ne fçauroit le tranf-

   » elle ſe diviſe de nouveau en deux
   » colonnes , dont l'une , après avoir
   » deſcendu le long de la côte orien-
   » tale de l'Ecoſſe , fait le tour de l'An-
   » gleterre , en détachant néanmoins
   » des bandes conſidérables aux por-
   » tes des Friſons , des Hollandois ,
   » des Zéelandois , des Flamands ,
   » & des François. L'autre colonne
   » tombe en partage aux Ecoſſois , du
   » côté de l'occident , & aux Irlan-
   » dois , dont l'iſle eſt alors environ-
   » née de tous côtés de Harengs ; quoi-
   » que ces deux nations n'en faſſent

porter ſans qu'il ſe gâte. Tous les pilotes & matelots de Hollande , prêtent ſerment , avant leur départ , de ne pas précipiter la pêche ; & , à leur retour , ils atteſtent l'obſervation de leur ſerment. Ils
affirment auſſi qu'ils n'ont vu aucun autre vaiſſeau
enfreindre les ordonnances. En conſéquence , on
expédie des certificats à chaque vaiſſeau deſtiné au
tranſport des nouveaux Harengs , pour empêcher
la fraude , & pour conſerver le crédit de ce commerce. L'importance de cet article a été ſi bien reconnue , que , dans une convention faite entre les Hollandois , & la ville de Hambourg , il a été arrêté de
part & d'autre , qu'on veilleroit , avec grand ſoin ,
ſur l'exécution de ces ordonnances.

» d'autre usage, que de le manger
» frais. Toutes ces divisions de la se-
» conde grande colonne, s'étant à
» la fin réunies dans la Manche, for-
» ment une bande encore prodigieu-
» se, qui se perd dans l'océan Atlan-
» tique, & regagne promptement
» le nord, son domicile chéri.

LE CABELIAU.

Le Cabeliau est un poisson de la
grosseur d'une Morue, & de la même
espèce : sa chair est d'un goût excellent. Ce poisson est remarquable par
la faculté digestive dont il est doué.
Tout petit poisson avalé, est digéré
en moins de quatre heures. L'écaille
des Crables qu'il avale, devient dans
son estomach, aussi rouge qu'une
Ecrevisse bouillie dans l'eau; elle se
dissout ensuite, & se digère tout-à-fait.

Le Cabeliau séché s'appelle Stocfisch (b). Il se conserve très-long-

____

(b) Ce nom, qui veut dire en Allemand Poisson
à bâton, se donne indistinctement à tout poisson séché; sans doute par analogie à la dureté qu'il con-
tracte dans cette préparation.

temps, & même pendant dix ans. Il paroît étonnant, ſans doute, que du poiſſon préparé ſans ſel, & expoſé ſimplement à l'air, ſe garde ſi long-temps ſans ſe pourrir; mais deux cauſes concourent ici à ſa conſervation. La premiere eſt l'excès du froid, qui diſſipe toute l'humidité qui produit intérieurement la fermentation & la putréfaction. La ſeconde, c'eſt que, dans le temps de la préparation de ce poiſ-ſon, il ne ſe trouve point de groſſes mouches, & que ſon odeur maréca-geuſe chaſſe les inſectes au lieu de les attirer. Par-là, il ne ſe trouve jamais infecté de leurs œufs, ce qui eſt la cauſe extrinſèque de la corruption. Voilà comme de la rigueur même du climat, que nous regarderions comme un mal incommode, les habitans ſça-vent tirer un bien réel, & l'avantage de conſerver ſans ſoin, les proviſions qui leur ſont néceſſaires pour l'hiver.

On n'a jamais vu de Serpens dans cette iſle; ce qu'on doit attribuer au climat, plutôt qu'à aucune propriété particulière du pays.

C'est aussi par cette raison , ainsi que par la rareté des arbres & des arbrisseaux, qu'on n'y voit que très-peu d'insectes. Les Danois même n'y ont remarqué que des Araignées domestiques , des Fressons , & des Taons. Cette mouche cherche un asile contre le froid , jusques dans les narines & l'anus des animaux. Aussi les œufs qu'elle y fait , ne manquent pas d'éclore par la chaleur naturelle des endroits où ils sont dépofés.

Le climat de l'Islande , quelque rude qu'il soit , est fort sain pour ceux qui l'habitent. Elevés dès leur enfance dans la sobriété & les plus rudes exercices , leur tempéramment est très-fort , & les rend presque infatigables. La date de la découverte de cette isle , & la façon dont elle a été penplée , font également inconnues (c).

On a vu qu'elle étoit chrétienne

____

(c) Nous n'avons pas cru devoir nous en rapporter fur ce fujet , à Arngrimus Jonas, Islandois , puisque ce qu'il en dit est infirmé par les lettres pu avant 834. C'eſt à quoi ſe réduiſent

centes de l'Empereur Louïs le Débonnaire *. Bleff-
kénius ne nous a pas paru mériter d'avantage de
nous fixer. Le recit qu'il a donné de l'Iſlande, renferme des choſes ſi extraordinaires & ſi bien refutées
par Arngrimus Jonas, que nous nous ferions fait
un ſcrupule de les rapporter ſur la foi d'un auteur
taxé de menſonges & de calomnies. C'eſt auſſi ce
qui nous a rendu très-circonſpect ſur la relation de
l'Iſlande de la Peyrère. Il n'a fait que traduire Bleff-
kénius, & y joindre ce qu'il avoit entendu dire de
cette iſle.

Pour faire l'hiſtoire de l'Iſlande & de ſes peuples,
nous avons comparé les récits des différens voyageurs, & nous n'avons adopté que des faits avérés.
L'Hiſtoire de M. Anderſon eſt ſans contredit celle
qui nous a fourni le plus de reſſources. La façon
ſuccinte dont elle eſt traitée, la peine que cet auteur a priſe de ne rien avancer, qui n'ait été confirmé par le témoignage de pluſieurs négocians, ou
pilotes, qui ont fait des voyages en Iſlande, ne
pourroient laiſſer aucun ſoupçon ſur la vérité des
faits qui ſont contenus dans ſon ouvrage, s'il n'é-
toit pas encore à préſumer que cet écrivain a pû être
trompé par ceux qu'il a conſultés. Le trait de la ſou-

* *L'Auteur de l'Abrégé Chronologique de l'Hiſtoire*
du nord, n'a ſans doute pas eu connoiſſance de ces
lettres patentes, puiſqu'il rapporte la découverte de
l'Iſlande, au règne d'Eric II, en l'an 865, *tome I,*
page 63.

toutes les connoiſſances à cet égard (d).

Les Iſlandois ſont généralement d'une taille médiocre , bien faits , & peu différens des Norwégiens pour la ſtature & les traits. Ils ont tous les dents très-ſaines & très-blanches : c'eſt ſans doute à la pureté de l'air , à une bonne conſtitution , & au défaut de ſel & de viandes ſalées , qu'ils doivent cet avan‑
tage.

———————————————————

veraineté des Corbeaux , a commencé à nous inſ‑
pirer une legère défiance. On verra à l'article des mœurs des Iſlandois , que l'oppoſition où notre écrivain ſe trouve avec les auteurs nationaux , nous fait craindre , avec raiſon , qu'il n'ait été induit en erreur , par des perſonnes qui ont cherché à flatter ſa curioſité , aux dépens même de la vérité.

(d) La peinture qui ſuit des habillemens , loge‑
mens , & des uſages des Iſlandois, ne doit s'entendre que du général de la nation. Quoique M. Anderſon ne ſe ſoit pas clairement énoncé à ce ſujet , perſon‑
ne n'ignore qu'il ſe trouve par-tout des riches & des pauvres. Mais, comme le nombre des derniers l'em‑
porte ſur les autres , il s'enſuit de-là que , pour pré‑
ſenter les mœurs des habitans d'un pays, ce ſont celles du *peuple* que l'on doit décrire. Il n'y auroit peut-être plus alors de difficulté qu'à ſçavoir où commence cette claſſe , & où elle finit.

Les femmes ſont aſſez belles , &
ne le cédent en rien aux hommes,
pour le tempéramment.

Les habillemens des Iſlandois ſont
faits de toile d'emballage & d'une eſpèce de gros drap fabriqué dans l'iſle,
& qu'on appelle Wadmel. Les habits
conſiſtent pour les hommes & les femmes, en des bas & culottes de toile
d'une piéce , qui montent juſqu'au
nombril. Les premiers mettent par-
deſſus , d'autres culottes & des cami-
ſolles de Wadmel, ou de peaux de
moutons unies , mais non corroyées.
Ils ont ſoin d'entretenir la ſoupleſſe
de ces peaux , en les frottant tous les
quatre à cinq jours avec de l'huile de
poiſſon. Cette préparation exhale une
ſi mauvaiſe odeur , qu'aucun négociant Danois ne ſçauroit la ſupporter.
Quelque affaire qu'on ait , il n'eſt pas
poſſible de leur parler autrement qu'en
plein air , & au deſſus du vent.

Les habits des femmes riches, ſont
larges , & à peu près dans le goût des
Andriennes. Elles portent en outre des
jupons ouverts par devant , qui ſe
joignent

joignent par de petits crochets, & un petit tablier par deſſus. Leur coeffure eſt un turban en piramide, formé par une aune & demie de groſſe toile couverte en dehors d'une toile plus fine. Plus une femme eſt diſtinguée, plus ſon turban eſt épais. On connoît les filles à une bande d'étoffe de ſoie qui enveloppe leur turban auprès de la tête. Preſque tous les habitans portent des bas rouges. Leurs ſouliers ne ſont autre choſe que des morceaux de cuir non corroyé, ſerrés autour des pieds avec des boyaux de mouton.

Les maiſons ſont ici très-petites, & d'une architecture on ne peut pas plus ſimple. Elles ſont toutes enfoncées un peu en terre, pour les rendre à la fois plus chaudes & plus ſolides. Les quatre murailles ſont élevées de morceaux de roc, cimentés avec de la terre. Ces cabanes ont douze à quinze pieds de haut, quarante de long, & cinq à ſix de large. Elles ſont couvertes d'un toît fort bas, compoſés de gazons verds poſés ſur des petits chevrons, & des lattes tranſverſales qui y ſont clouées.

L'herbe de ces couvertures pouſſant au printemps , en lie ſi bien l'enſemble par ſes petites racines , qu'elle ferme l'entrée à l'eau & au froid. Six ou ſept trous , pratiqués dans ce toît & bou-chés par de petits cercles couverts de parchemin, ſervent à donner paſſage à la lumiere. Les plus riches ont un ou deux vitrages, & pluſieurs pieces dans leur maiſon ; mais chaque croiſée n'a tout au plus que ſix carreaux très-pe-tits. Sur le devant de la maiſon eſt une petite ouverture , fermée par une porte de bois très-brute. A un des côtés long de la chaumiere, & à cinq pieds de haut on éleve un échaffaud qui ſert de lit à toute la maiſon. Là , ils ſe couchent tous nuds ſur un peu de foin. Un mor-ceau de leur Wadmel, quelquefois dou-blé de peau de mouton , leur ſert de couverture. Ils ſe rangent alternative-ment dans ces lits , enſorte que la tête de l'un porte auprès des pieds de ſon voiſin. Ceux qui ſont cenſés ne devoir pas coucher enſemble , ſont ſéparés par un morceau de planche de quinze à dix-huit pouces de large. C'eſt ſous ces lits que logent, en hiver, les bœufs & les vaches. Nous ne difons rien des meubles de ces appartemens : on fe perfuade aifément qu'ils ne peuvent être que très-groffiers & très-dégoutans.

Leur nourriture, & la façon de l'apprêter, n'eft pas moins mal-propre : on peut même dire qu'elle fait horreur. La plûpart des habitans ne mangent ordinairement que les têtes de ces poiffons qu'ils ont fait fécher. Ils les mettent cuire dans de l'eau de mer, les retirent au premier bouillon, & les avalent dans un inftant fans autre affaifonnement. Ceux qui ont de la viande, la mettent cuire à l'eau douce ; mais la mangent de même fans fel à moitié cuite. Il eft vrai que foit viande, foit foit poiffon, leurs mêts ne font jamais bien coriaces, parce qu'ils ne mangent rien de frais tué. Tout ce qu'ils prennent, ils le jettent dans un coin, jufqu'à ce qu'il commence à pourrir, & c'eft alors qu'ils en font leurs délices. Le feu de leur cuifine en augmente encore le dégoût. Il n'y a que les plus

riches qui usent de cette espece de
tourbe dont nous avons parlé, ou du
bois que les tempetes amenent du nord
sur les côtes de leur isle ; ce qui n'arrive
pas souvent. En général, tous les Islandois font du feu avec des arêtes, ou
des os arrosés d'huile ou de graisse de
poisson. Une tete de mouton est un
grand régal pour eux. Après qu'ils en
ont brûlé la laine, ils l'ensevelissent
dans les cendres de leur vilain feu, &
la laissent rôtir. Lorsqu'elle est à demi-
cuite, ils la déchirent avec une avidité
sans pareille, & dévorent tout, la peau,
& même les os.

Ils ne font aucun usage du pain ; le
Stocfisch leur en tient lieu. Ils le mangent communément crud. Pour se ré-
galer, ils étendent sur ce poisson un
peu de beurre, & font une espece de tar-
tine. Au défaut de beurre, ils le graissent
avec de l'huile de poisson ou du suif. Il y
en a quelques-uns qui font du pain avec
une espece de bled sauvage (o) qui

___

(e) On ne nous a pas donné la description de
cette plante ; mais il pourroit bien se faire que ce fût

vient fans culture avec les autres herbes ; mais les étrangers ne fçauroient
en goûter.

Leur boiffon ordinaire eft de l'eau
ou du lait, dans lequel ils ont fait infu-
fer de l'ofeille pour le conferver. Quelques-uns ont auffi de la bierre & du vin;
mais la premiere ne fe conferve pas
longtemps, faute de caves pour la
mettre à l'abri des gelées. Le vin qu'ils
tiennent dans des vaiffeaux vuides
d'huile de poiffon, ou de petit lait, fe
trouble, & devient aigre en peu de
jours. Nulle boiffon ne les flatte davantage que l'eau-de-vie. Hommes, fem-

---

du froment dégénéré, s'il eft vrai que l'Iflande foit
l'ancienne Thulé, & qu'elle ait jadis été fertile en
grains ; comme les anciens auteurs le rapportent.
Il eft conftant que, depuis l'époque de fa découverte,
elle n'a jamais produit de bled, ou que l'on n'y en
a recueilli qu'en petite quantité ; puifqu'on trouve
dans les hiftoriens de Dannemark, que la Norvège
lui en fourniffoit beaucoup. *Vid. Tractatus œconomico
phificus de habitu Norvegiæ ad agriculturam, autore
Claudio Urfing, Schoning, Haffniæ,* 1754, page 15 & 16.
Erici Pontoppidani, annal. ecclef. Dan. Tome I,
page 744.

mes, jeunes, vieux, enfans, tous en boivent volontiers jusqu'à s'enivrer. Point de plus douce consolation dans leurs peines, point d'encouragement plus sûr dans leurs travaux, que l'espérance de troquer ce qu'ils possédent contre de l'eau-de-vie. Quand, à l'arrivée des vaisseaux Danois, ils ont acheté un tonneau de cette liqueur, ils ne le quittent plus qu'il ne soit vuide. Tant qu'il dure, c'est fête pour eux; boire est leur unique occupation.

Les travaux ordinaires des Islandois, sont la pêche, la préparation du Stocfisch, & le soin de leur bétail. Leurs barques à pêcher sont très-légeres, & se portent aisément par deux hommes. Toutes les fois qu'ils abordent à terre, le défaut d'ancre & de crochets pour arrêter ces bateaux, les obligent à les porter assez haut sur le rivage, pour qu'ils ne puissent pas être enlevés par les marées. Il n'y a qu'un petit nombre d'endroits où les habitans aient des barques plus solides & agréées comme les nôtres.

Toute la nation, hommes, femmes

& enfans, quand elle n'eſt pas occupée
au Stocfiſch, tricote des gants, des bas,
des camiſoles, &c. Il n'y a point d'autre fabrique que celle où l'on fait le
Wadmel. Pour fouler leurs ouvrages,
ils le jettent dans de l'urine chaude, &
les broient avec les pieds. Les femmes
font la leſſive avec de la cendre & de
l'urine, faute de ſavon. Les Iſlandois
ont encore l'adreſſe de faire ſervir l'u-
rine à leur donner du verd-de-gris pour
la teinture, en la dépoſant dans un
chaudron de cuivre.

La bonne conſtitution de ce peuple, la ſalubrité des eaux minérales
qu'il boit, ſans les connoître, & la pureté de l'air qu'il reſpire, lui font abſolument ignorer ce que c'eſt que fievres,
goutte, maladies, médecins, & tous
les autres fléaux ſi communs dans nos
climats. Quand quelqu'un ſe trouve
indiſpoſé, de bon lait, tel qu'il vient
de la vache, lui tient lieu de médecine,
& il ne prend pas d'autre nourriture. On
lui donne ſeulement un peu de tabac à
mâcher, & un bon coup d'eau-de vie
pour refaire ſon eſtomach. Les bleſſu-

res qu'ils ſe font ſe guériſſent d'elles-mêmes, ſans qu'ils aient rien à craindre ni de la gangréne, ni de la maladreſſe d'un chirurgien, qui en eſt quelquefois le principe.

Les femmes ne ſont pas moins vigou-reuſes que les hommes. Elles accouchent aiſément ; & auſſitôt après ſe baignent, & ſe remettent à leur ouvrage.

Un enfant tette ordinairement huit jours, & au plus quinze, s'il eſt malade. On le couche enſuite par terre, & l'on met à côté de lui un petit vaſe bouché & rempli de petit lait chaud, avec une petite canule entortillée de fil ; & à côté un peu de pain quand on en peut avoir. S'il s'éveille, ou s'il donne quelque marque d'appétit, on le tourne du côté du vaſe, & on lui met le tuyau dans la bouche pour lui faire ſuccer ſa nourriture. Lorſqu'ils tranſportent cet enfant un peu loin, ils lui mettent dans la bouche un morceau de linge trempé dans du petit lait. On ne ſe ſert ici ni de bandes, ni de maillots. Quinze jours après ſa naiſſançe, l'enfant eſt mis en culotte

& en vefte , & demeure couché par terre. Là , il fe tourne, fe roule & rampe en liberté , jufqu'à ce qu'il fe dreffe lui-même , & qu'il apprenne à marcher. Telle eft , dans ce monde , l'entrée des Iflandois , qui, par-là , font préparés à toutes les duretés de leur miférable vie. Malgré le peu de foin qu'on prend de ces enfans , il eft très-rare d'en trouver un de contrefait ; tant il eft vrai que la nature agit en tout par elle - même , & que les moyens qu'elle emploie l'emportent de beaucoup fur les foins dont on prétend l'aider , & qui ne font le plus fouvent que l'embarraffer , & troubler fes opérations.

Les qualités de l'ame des Iflandoies répondent très-bien à leur façon de vivre, fale & méprifable. Tous font naturellement fi poltrons,qu'on ne peut les accoutumer à tirer un coup de fufil. Les Rois de Dannemarck ont effayé, à différentes fois , d'en employer fur les flottes , & dans les troupes de terre , mais fans fuccès : on a été obligé de les renvoyer dans leur ifle , à laquelle ils font fingulierement attachés, & leurs congés ſont toujours motivés ſur une incapacité qui les rend inutiles. Des Danois ont amené quelquefois , en Dannemarck , des jeunes gens de cette iſle , pour leur apprendre le commerce ; mais , malgré la douceur avec laquelle ils étoient traités , & le conſentement qu'ils avoient donné à les ſuivre , l'envie de revoir leur patrie leur cauſoit des maladies incurables , & quelques-uns même en ſont morts (*f*).

____

(*f*) Ceci ne s'accorde point du tout avec ce que Arngrimus Jonas , auteur Iſlandois , dit de la curioſité & des diſpoſitions de ſes compatriotes , qui leur faiſoient entreprendre avec plaiſir des voyages pour s'inſtruire.

Un écrivain moderne de la même nation , a publié , li y a quelques années , une diſſertation Latine ſur les voyages des anciens peuples ſeptentrionaux , & ſur-tout ſur ceux des Iſlandois. Il y démontre que ceux-ci ne ſont point auſſi barbares qu'on les dépeint; que de tous les temps ils ont aimé à voyager , que même ceux qui ne ſortoient pas de leur iſle , étoient méſéſtimés de leurs compatriotes ; & qu'au contraire ceux qui revenoient , après de longs voyages , étoient en grande vénération. Il cite pour preuve de ce ſentiment , d'anciennes maximes Iſlandoiſes , tirées des auteurs les plus reculés. Voici la traduc-

A ces défauts, ils joignent encore celui d'être d'une pareſſe exceſſive, & d'un entêtement indomptable. La néceſſité ſeule peut les obliger à travailler. Ce qu'ils ont vu faire à leurs peres, eſt pour eux la régle invariable de ce qu'ils doivent faire eux-mêmes. Quand même on leur enſeigneroit de meilleures façons, des inſtrumens plus commodes, des inventions plus courtes

---

tion latine de quelques unes, telle qu'il l'a donnée. *Stulti ſunt qui domi educantur liberi.* . . *non ſe ab imperitiæ liberabit culpa qui nullas præter Iſlandiam noſtram perluſtrat terras.* . . . *Prudenti rationis uſû opus eſt ei qui paſſim vagatur, domi contra quidlibet impunè licet aſpernabili aliorum obtutui ſubjicitur qui imperitus eſt ubi urbanis aſſidet.* . . . *Solus cognoſcit qui latè proficiſcitur multaque peragravit loca, quale ingenium foveat virorum unuſquiſque quem rationis cura tenet.* On peut conſulter la Diſſertation de l'auteur, dont voici le titre : *Diſquiſitio hiſtorico-antiquaria de veterum ſeptentri onalium imprimis Iſlandorum peregrinationibus, in qua ex antiquorum Iſlandorum peregrinandi ſtudio, eorumque de peregrinationum uſu & neceſſitate ſentitiis politi populi mores adſtruuntur, & hiſtoricorum Iſlandorum autoritas, vetuſtorum manuſcriptorum fide vindicatur per Joannem Erici. Iſlandi in communitate regiâ Decani.* Lipſiæ, 1755, pag. 19, 25, &c.

pour le travail, ils les rejettent sans écouter, & s'opiniâtrent toujours pour leurs anciens usages. C'est cet aveuglement inconcevable qui les rend peu disposés aux arts & aux sciences. Cependant ils ne sont pas naturellement stupides. Leur isle a produit quelques sçavans ; des maîtres d'écriture, d'arithmérique, des artisans en bijouterie, clinquaillerie, &c. Ils sont même adroits dans leurs besoins ; quand il est nécessaire, tout homme est charpentier, menuisier, maréchal, architecte, &c. & chaque femme est ouvriere en habits, en souliers, &c. C'est dans ces métiers qu'ils élevent leurs enfans dès l'enfance. Quoiqu'ils n'aient pas tous les instrumens nécessaires à chacune de ces professions, ils s'en acquittent néanmoins avec une dextérité remarquable.

La chronologie, les méthodes de mesurer le temps, leur sont inconnues. Les marées & le soleil, quand ils le voient, leur servent à cet effet.

L'argent qui a cours en Islande est argent de banque, l'on n'y a d'autre monnoie que le Stocfifch. Toutes les acquifitions, ventes, & généralement toutes les affaires des Iflandois, fe font en poiffons. Les livres, les comptes fe tiennent de même. Un écu, argent de banque, vaut quarante huit poiffons ; une couronne fimple, quinze (g) ; une double, trente ; un poiffon doit pefer deux livres. La journée d'un ouvrier eft payée dix poiffons, qui valent dix fchellings de Lubec (h).

Il eft aifé de voir, par les productions de l'ifle, en quoi confifte le commerce des habitans. Les marchandifes qu'ils tirent du Dannemarck, font du fer, du bois, de l'eau-de-vie de bled, de la farine, du vin, du fel, de la groffe toile, de la bierre, & un peu de foierie : au refte, on leur apporte tout ce qu'ils demandent.

La feule religion Luthérienne eft foufferte en Iflande. Les Catholi-

---

(g) Une couronne fimple vaut une livre dix fols.

(h) Le fchelling vaut 7 deniers ; ce qui fait un peu plus de fix fols.

ques (*i*) en ſont abſolument bannis ,
ainſi que les Calviniſtes.

Le diſtrict de l'iſle eſt diviſé en deux
évéchés. L'un des ſieges eſt à Hoolm ,
& l'autre à Skalholts. En chaque évêché eſt une école latine & un imprime-
rie , où , de temps en temps , on impri-
me un livre de dévotion en langue du
pays. Chaque habitant doit , à ſon évêque , un droit de dix poiſſons par
an ; ce qui , joint à ſon revenu particulier , fait monter le produit de chaque
évêché à douze cens écus.

Il ſe trouve , comme par-tout , beaucoup d'inégalité dans la valeur des cu-
res de cette iſle. Quelques curés ont
cent écus de penſion ; d'autres n'en ont
que quatre. Ils ont , outre cela , une
part dans les dixmes de poiſſon ; mais
ces droits varient ſuivant les cantons.

(*i*) M. Jovet , dans ſon hiſtoire des religions du
monde , dit que les Iſlandois reçurent la foi de J. C.
en l'an 1000. On a vu combien peu l'on doit faire
fonds ſur une pareille époque , puiſqu'en 834, la Religion Catholique avoit été déja annoncée dans leur
iſle. *Tome II, page* 45.

Ils s'en trouvent qui n'ont pas de quoi vivre, & qui font obligés de travailler comme les autres payfans ; d'aller à la pêche, & de faire du Stocfifch pour le trafiquer après. Au refte, ceci ne doit pas paroître extraordinaire dans les curés de l'Iflande ; car leur façon de vivre eft la même que celle de leurs paroiffiens.

Les églifes fe reffentent ici de la mifere des habitans, & ne font pas bâties autrement que leurs cabanes. Elles ne font pas plus grandes qu'une falle ordinaire ; & leur élévation eft fi peu confidérable, qu'un grand homme peut de la main toucher au plancher. Il eft vrai que la fréquence des tempêtes & des ouragans, ne permet pas de donner une grande élévation à tous les édifices.

L'intérieur de ces bâtimens répond parfaitement bien au-dehors, & rien n'y annonce une églife. Celui des payfans qui en demeure le plus près, eft chargé de l'infpection de ce temple ; &, pour le dédommager de cette peine, il lui eft permis d'en faire fon magafin. Il y place des coffres , des planches , des tonneaux , & tout cela sert de bancs & de chaises pendant le service.

Les prêtres, en général , y sont d'une ignorance crasse , & sçavent à peine lire le latin. Outre cela ils sont fort libertins , & s'enivrent perpétuellement d'eau-de-vie. Il arrive souvent qu'un prédicateur , qui monte en chaire , est si rempli de cette liqueur , qu'on est obligé , un moment après , de le descendre , & de le porter chez lui , tandis qu'on fait lire son sermon par quelque autre. On a même vu plus d'une fois le ministre & toute la paroisse , si bien hors d'état de faire le service & d'y assister , qu'on étoit forcé de le remettre à un autre jour.

Les dangers continuels auxquels sont exposés les enfans , engagent à leur faire faire leur premiere communion à l'âge de huit ou neuf ans. Qu'on juge si des enfans , élevés de la façon que nous avons vue , sont assez instruits , & bien préparés pour un tel sacrement !

En général , dit M. Anderson, cette malheureuse nation est tellement adonnée aux vices, qu'on a peine à trouver parmi elle des traces du Chriſtianiſme. La plus grande partie mene une vie purement machinale, & ſemble n'avoir aucune connoiſſance ni de Dieu, ni de ſes volontés.

Ces habitans ſont entêtés & ſuperſtitieux à l'excès. L'apparence du plus petit avantage les détermine auſſitôt à faire un faux ſerment, même contre leurs plus proches parens.

La fourberie, le larcin, la méchancheté, la vengeance, la lubricité ; tous ces vices ſont communs parmi les Iſlandois. L'ivreſſe preſque continuelle à laquelle ils s'abandonnent, l'indépendance abſolue dans laquelle ils vivent, ou dans les déſerts, ou ſur la mer, les rend totalement livrés à leurs paſſions, & capables de toutes ſortes d'excès & de brutalités. Il eſt vrai que la politique oblige quelquefois le gouvernement à fermer les yeux ſur leurs déportemens, & même à les autoriſer (*k*).

____

(*k*) En 1707, une maladie contagieuſe ayant emporté une grande partie des habitans de cette iſle,

L'eau-de-vie étant l'ame de toutes les assemblées du pays , pourroit-on s'en passer dans une cérémonie aussi importante que le mariage ? Lorsque le prêtre a uni les deux époux , tous les assistans se rangent dans le fond de l'église contre le mur , sur deux lignes. Le prêtre, le marié & la mariée occupent le milieu : on apporte à celle-ci un bocal plein d'eau-de-vie, elle boit, & le passe à sa voisine. Le marié , aussi muni d'une grosse bouteille de même liqueur, en fait autant de son côté. C'est ainsi que se passe la cérémonie , & le jeu de la bouteille se continue tant qu'on peut se soutenir sur ses jambes.

Le temps de leur pêche étant une fois passé , & le besoin seul pouvant les

le gouvernement, pour y attirer les autres sujets du Dannemarck , autorisa les filles Islandoises à faire jusqu'à six bâtards, sans porter atteinte à leur reputation. Cette ordonnance eut son plein & entier effet. Ces bonnes filles montrerent tant de zèle à repeupler leur patrie , qu'on fut bientôt obligé de revoquer un reglement si agréable ; & même de statuer une peine très-rigoureuse contre celles qui s'y conformeroient.

obliger à travailler, tout le loifir qui leur refte, pendant les longues nuits, eft donné au jeu. C'eft celui des échecs qui fait leur plus grande occupation. Il n'eft point de payfan, quelque pauvre qu'il foit, qui n'ait chez lui fon jeu d'échec (l) fait dos de poiffons, & taillé à la pointe de fon couteau. La différence qu'il y a de leurs pieces aux nôtres, c'eft que des figures d'évêques tiennent lieu de nos fous ; & leurs tours font repréfentées par de petits capitaines, l'épée au côté, & donnant du cor. Les Iflandois y ont été de tout temps très-célébres, & le font encore aujourd'hui.

Le Roi de Danemarck tient dans cette ifle un grand bailli, qui eft le juge fuprême dans le civil, & dans le criminel. Il y a en outre un autre officier qui eft chargé de la recette des droits du Roi,

____

(l) La Peyrére nous a laiffé la defcription d'un jeu d'échecs de Dannemarck, très-curieux. Le damier étoit d'ambre blanc & jaune, les piéces d'or émaillées, de même couleur, & très-artiftement travaillées, page 50.

& de toutes ses fermes. Chaque sujet, dont le bien passe vingt écus, donne au roi quarante poissons par ans. Du grand bailli, relévent trois baillifs particuliers, qui ont sous eux vingt-quatre autres juges, dont chacun gouverne un village, ou un petit distr.ct.

La pauvreté des habitans y rend les procès très-rares. Lorsqu'il s'en trouve, ils se décident suivant un corps de droit qu'ils ont en leur langue.

Toutes les exécutions, tant dans le civil que le criminel, sont faites par les sous-baillifs (m). On coupe la tête avec une hache; & l'on pend à une barre de fer qu'on plante dans la fente d'un rocher: on y amene le criminel, & on l'accro-che sans autre formalité. Souvent il ar-

____

(m) Ces fonctions n'ont rien d'extraordinaire pour des juges, puisque anciennement, suivant Boyer, les juges exécutoient eux-mêmes les condamnés. *Journal des Sçavans*, 1703, *page* 83.

Chez les Grecs, l'office de Bourreau, bien loin d'être infamant, étoit au nombre des charges de Magistrature. *Aristote*, *liv. VI, de sa Politique*, *chapitre dernier.*

rive qu'il s'agite , & se tourmente très-
longtemps avant de mourir. Il y a un
autre genre de punition pour les femmes ; celles qui ont mérité la mort sont
noyées dans un sac.

Pour donner une idée de ce qui se
passe dans la tête des Islandois, lorsqu'il se trouvent transportés hors de
chez eux , nous finirons cet article par
un trait d'un jeune homme de quinze
ans, qu'un négociant de Hambourg y
avoit amené d'Islande. Au premier endroit où il prit terre , il crut que l'église
& les maisons étoient des rochers ; &
on ne put jamais lui persuader qu'elles
étoient l'ouvrage des hommes. Sa surprise augmenta bien autrement , lorsqu'il fut arrivé à Hambourg. La hauteur des édifices, la grande quantité de
fenêtres , le peuple qu'il rencontroit
dans les rues , tout devenoit pour lui
un sujet de crainte , & du plus grand
étonnement. Son inquiétude lui faisoit
continuellement tourner la tête à droite
& à gauche ; sa vue se fixoit particulierement sur les grands bâtimens ,
qu'il mesuroit des yeux du haut en bas,

avec un air affrayé, & sans prononcer une parole. Son maître, qui se divertissoit de son embarras, le mena à l'opéra. A l'ouverture, il commença d'abord à faire toutes sortes de grimaces. La levée de la toile sembla le pétrifier. Son attention se fixa aussi-tôt sur le théâtre, & ne lui laissa ni la faculté de se mouvoir, ni celle de répondre aux questions que lui faisoit son maître. Dans le cours du spectacle, un dragon, qui jettoit feu & flamme, vomit sur la scéne une douzaine de furies qui formerent un ballet, & disparurent. Le pauvre Islandois se précipita aussi-tôt sous son banc, & l'on ne put jamais l'en faire sortir. Il soutint toujours que ce qu'il avoit vu ne pouvoit être l'ouvrage des hommes, mais bien des démons; qu'il avoit bien reconnu que c'étoit de vrais diables qui avoient dansé; qu'il n'avoit rien à démêler avec eux, & qu'il vouloit sortir de cet endroit infernal, avant qu'ils approchassent davantage. On parvint, après beaucoup de peines, à lui faire comprendre que les acteurs étoient des hommes comme lui, & que les décorations venoient de leurs mains ; mais on ne put jamais le détromper sur ceux qui étoient sortis de la gueule du dragon. Il parvint cependant à se conformer aux usages Danois ; & réussit assez bien dans l'écriture, l'arithmétique & le commerce. Son maître se donna toutes les peines imaginables pour l'instruire, & pour l'établir dans le Holstein, ou le Dannemarck ; mais tous ses soins furent inutiles. La maladie du pays, qui le tenoit dès l'instant de sa sortie de l'Islande, le gagna entiérement : une morne tristesse accompagnoit toutes ses actions. La crainte de le voir périr le fit renvoyer chez lui, où il recouvra bientôt la santé.

OBSERVATIONS

INTÉRESSANTES,

D'un Auteur Danois , sur l'Histoire d'Islande ; par M. ANDERSON.

TANDIS que ce premier volume étoit sous presse, nous avons été informé que le roi de Dannemarck avoit, il y a quelques années , envoyé en Islande un sçavant Danois nommé M. Horrebows , pour y prendre des connoissances exactes de la nature du climat, & des productions de cette terre ; & que cet étranger avoit publié , en langue Danoise (a), les observations qu'il y avoit faites pendant deux ans de résidence.

Bien persuadés que cette nouvelle histoire d'Islande, donnée par un hom-

____

(a) Cette histoire a été aussi-tôt traduite du Dannois, en Allemand , & c'est de cette derniere, que nous avons tiré l'extrait que nous donnons ici.

me

me dont la miffion fait l'éloge, ne pouvoit manquer d'enrichir notre littéra-
ture, & d'être précieufe au public, qui
avoit été privé jufqu'ici de connoiffances certaines & exactes fur cette ifle,
nous nous fommes auffi-tôt empreffés
de nous la procurer. Notre intention
feroit cependant demeurée fans effet,
fans les bontés d'un magiftrat, que l'a-
mour des lettres ne diftingue pas moins
qu'une naiffance illuftre. C'eft ce qui
nous a mis à portée d'en extraire les
endroits particuliers, où il fe trouve en
contradiction avec M. Anderfon, qui,
comme nous l'avons dit, a donné la
meilleure hiftoire d'Iflande, connue
jufqu'à préfent. Mais, n'étant plus à
temps de refondre notre ouvrage, nous
l'avons fait fuivre par ces obfervations,
dontnous avonsforméunarticleféparé.

Afin que tour lecteur puiffe prendre
une jufte idée de l'hiftorien récent & de
fon ouvrage, voici la traduction (b)

____

(b) Nous prévenons ici, qu'ignorant la langue
Allemande, c'eft à un jeune étranger que nous
devons cette traduction. Le nommer, feroit faire fon

d'une partie de la dédicace & de la préface qui sont en tête.

M. Horrebows nous apprend d'abord, dans son épître dédicatoire adressée au roi de Dannemarck, que ce souverain , toujours attentif au bien être de ses sujets , a fait passer en Islande des sommes considérables pour entretenir les manufactures, les pêcheries , & pour former des établissemens avantageux à ses habitans.

» Quoique l'Islande, dit-il ensuite
» dans sa préface , soit , après l'Angleterre, la plus grande isle de l'Eu-
» rope , nous n'en avons encore
» aucune bonne description. On est
» fort incertain sur l'année où elle
» a été peuplée. La chronique d'Is-
» lande ne donne, à ce sujet, que des
» connoissances inexactes , & peu sû-
» res. Les descriptions que l'on a de
» cette isle, telles que celles d'Arngri-

___

éloge , puisque ses talens, dans un autre genre , ont été universellement applaudis dans cette capitale. Sa modestie nous impose silence à cet égard , & nous nous bornons à avouer que nous avons toute la reconnoissance possible de sa complaisance.

» mus Jonas, de Théodore Thorlacius,
« font bien écrites, mais pas affez dé-
» taillées. On a laiffé ce foin à des étran-
» gers qui n'entendoient pas la langue,
» & qui n'ont jamais connu l'Iflande
» que de nom. Quelques-uns, y ayant
» refté quelques mois, fe font crus affez
» bien inftruits pour hafarder une hif-
» toire remplie de fauffetés, & tout-à-
» fait injurieufe aux Iflandois. D'au-
» tres, même fans avoir jamais été en
» Iflande, s'en font fiés aux rapports
» de quelques négocians ; & ont affez
» compté fur les éclairciffemens qu'ils
» en ont tirés, pour former une hif-
» toire complette. Parmi les premiers ;
» eft Bleffkenius. Il aborda en Iflande
» fur un vaiffeau Hollandois, & n'y
» refta que peu de temps ; d'ailleurs,
» comme il ignoroit la langue Iflan-
» doife, il n'a pu y pénétrer bien
» avant, ni s'inftruire profondément.
» Auffi cette auteur a-t-il donné une
» defcription qui ne lui fait pas plus
» d'honneur qu'aux Iflandois, qu'il a
» groffiérement calomniés. M. An-
» derfon doit être mis au rang des fe;

K ij

» conds (c). Malgré l'habileté de cet
» écrivain, & l'étendue de ses connois-
» sances, des négocians peu connois-
» seurs en histoire naturelle, ont pu
» l'induire en erreur par leurs récits, ou
» eux-mêmes être trompés, par leur
» mémoire, & par le défaut d'exacti-
» tude dans leurs observations.

» Lorsque les vaisseaux Danois
» abordent en Islande, toute l'isle est
» en mouvement, & ne s'occupe que
» d'objets de commerce, & d'échan-
» ges. Il n'est pas temps d'examiner
» les mœurs & les usages d'une na-
» tion, lorsque son intérêt la tient
» dans la plus grande activité.

» Quand aux observations sur le
» climat, & le froid que quelque mar-
» chands ont éprouvé dans cette isle,
» l'humeur qui peut-être procédoit de
» la perte de leurs vaisseaux, ou d'au-
» tres effets, pouvoit bien leur don-
» ner une sensibilité extraordinaire au
» froid, & leur présenter l'Islande sous

(f) L'auteur auroit pu ajouter encore la Peyrere,

» des couleurs défagréables. Ajou-
» tons auffi qu'il a pu arriver , que ces
» négocians , flattés de l'honorable
» avantage d'être admis à la table du
» bourgue-maître de Hambourg , &
» charmés de captiver fes bonnes gra-
» ces par des récits curieux, y ont quel-
» quefois mêlés des faits inventés à
» plaifir.... Je fuis bien perfuadé, ajou-
» te-t-il , que M. Anderfon n'auroit
» pas publié fon ouvrage , s'il avoit
» été convaincu de la fauffeté des rap-
» ports qu'on lui a faits ; mais le defir
» de rendre un fervice au public , qui
» n'avoit point de connoiffances exac-
» tes fur cette ifle , l'a engagé a pu-
» blier celles qu'il avoit recueillies : à
» fa mort , on a trouvé cette hiftoire
» d'Iflande ; & fes héritiers ont rempli
» fes intentions en la faifant impri-
» mer. «

Nous allons fuivre ici pas à pas
M. Anderfon , dont nous avions trop
aveuglémement adopté les récits , &
rapporter en même temps les obfervations de M. Horrebows , qui y font
contradictoires. Nous laifferons au lec-

teur le foin de rectifier les idées qu'il auroit pu prendre dans notre ouvrage , &
le droit de juger, qui des deux étrangers
mérite le plus haut degré de créance.

M. Horrebows , après avoir donné
l'étendue de l'Iflande telle que nous
l'avons déterminée fur les cartes les
plus modernes , dit que cette ifle eft
feulement de quatre degrés plus à
l'oueft qu'on ne l'a croyoit, ayant obfervé , par une éclipfe de lune , qu'elle
étoit vingt-cinq degrés à l'eft du méridien de Londres.

Il ne convient pas que l'air y foit
mal fain , & il apporte , à l'appui de
fon fentiment , les obfervations météorologiques qu'il y a faites pendant
deux ans. Au contraire , il foutient
que l'air d'Iflande eft moins nuifible
aux étrangers , & aux Danois , que
celui du Dannemarck ne l'eft aux
Iflandois , pour lefquels la chaleur eft
plus infupportable que le froid , qui
d'ailleurs n'eft jamais exceffif dans leur
patrie. Les vents font bien plus in-
commodes , & c'eft auffi ce qui contribue à la falubrité de l'air.

Selon son rapport, les saisons intermédiaires y regnent comme en Europe, & il n'est pas vrai, ainsi que le dit M. Anderson, que le mois d'avril soit le plus froid de l'année.

En 1750 & 1751, ce mois fut si beau, que le foin avoit déja beaucoup poussé. » On peut se convaincre » de cette vérité, dit-il, par les ob- » servations météorologiques que j'ai » données à la suite de mon ouvrage.

Ce Phisicien observe aussi que les chemins ne sont pas si impraticables que M. Anderson les dépeint, puisque les Islandois font environ trente lieues, depuis le lever, jusqu'au coucher du soleil, avec huit ou dix chevaux chargés de marchandises : qu'à la vérité, dans la partie du sud, il se trouve beaucoup de montagnes, des endroits affreux, des précipices terribles : mais, que du côté du nord, on y rencontre des plaines agréables, & de bons pâturages, de dix à douze lieues d'étendue.

Le Mont-Hécla est aujourd'hui le moindre des volcans de l'Islande. Il

en compte quatre à cinq autres beaucoup plus conſidérables , en différentes parties de cette iſle. Il ajoute que ,
depuis ſoixante ans , l'Hécla n'a fait
aucune irruption ; que l'on n'y voit
plus ni feu ni fumée; mais ſeulement
quelques petites crevaſſes , où il ſe
trouve de l'eau chaude : que les tremblemens de terre y ſont très rares , &
très-foibles quand il y en arrive : que
lors de l'éruption des volcans , il ſe
fait un bruit ſouterrain , qu'on prend,
il eſt vrai , ſouvent pour un tremblement de terre.

On a remarqué , dit notre écrivain ,
que les eaux chaudes , qui ſe trouvent
aux environs du Mont-Hécla , ſont un
baromêtre ſûr , qui annonce la pluie
& le beau temps. La vapeur que ces
eaux exhalent , eſt-elle épaiſſe , forte ? la pluie n'eſt pas éloignée. Eſt-elle
legére & peu viſible ? c'eſt l'annonce
d'un temps ſec.

Il n'eſt pas d'accord ſur l'exiſtence
d'un lac , qui ait la propriété de s'enflammer , comme le dit l'auteur que
nous avons ſuivi. C'eſt ici que M.

Horrebows s'écarte un peu de cette manſuétude qui règne dans ſa préface. Il verſe, à pleines mains, le ſel de la plaiſanterie, ſur la relation de M. Anderſon, qu'il taxe de bon & de crédule (*d*).

(*d*) Nous ne pouvons nous empêcher de faire ici l'apologie de M. Anderſon. Cet auteur, dont· le mérite & la ſcience ſont encore en vénération dans ſa patrie, & parmi les naturaliſtes, avoue lui-même, qu'il n'a pas été en Iſlande ; mais que l'hiſtoire qu'il en donne, eſt d'après le récit d'un grand nombre de négocians, dignes de foi, de Coppenhague & de Hambourg, qui en ont fait pluſieurs fois le voyage. Il dit, auſſi, qu'il a pris toutes les précautions poſſibles, pour n'être pas trompé par de faux rapports, & que tout ce que contient ſa rélation, eſt confirmé par le témoignage unanime de tous ceux qui ont abordé en Iſlande. D'après cet aveu, il ſemble que M. Horrebows a fort mauvaiſe grace de ridiculiſer cet eſtimable écrivain ; ſurtout à l'égard de quelques faits, dont l'exiſtence eſt d'autant plus probable, qu'il n'y a rien d'oppoſé à la ſaine phyſique. Il ſuffit qu'il ſoit prouvé qu'une ſingularité exiſte quelque part, pour qu'on n'ait aucune répugnance à la croire encore exiſtante ailleurs, M. Horrebows auroit dû plutôt excuſer M. Anderſon, à cauſe de ſa bonne foi, & non pas le plaiſanter ſur ſa crédulité & ſur ſa bonté.

K v

Notre obſervateur, parlant des fontaines chaudes, où les habitans font cuire leurs viandes, admet quelques différences dans leurs méthodes; mais il rapporte enſuite la deſcription d'une ſource chaude, fort ſinguliére.

Cette ſource extraordinaire ſe rencontre dans le canton du nord, & ſous la paroiſſe de Hunſevig, près d'une ferme, appellée Reykum, à environ ſeize ou vingt lieues de la montagne Krafle. Il y a, dans cet endroit, trois ſources, ſituées à environ trente braſſes l'une de l'autre. L'eau y eſt bouillante, tour à tour, de la maniere ſuivante. Quand la ſource, ou le puits d'un bout, a élevé ſon eau, celle du milieu commence; & quand cette ſeconde baiſſe, celle de l'autre bout s'éléve, après quoi la premiere recommence; & ainſi de ſuite, ſans diſcontinuation, & dans le même ordre, chacune bouillonnant & s'élevant trois fois, dans l'eſpace d'un quart d'heure. Toutes les trois ſont dans un terrein uni & découvert; mais le terrein en eſt dur & de rocher. Il

y en a deux dans lefquelles l'eau fort
d'entre les crevaffes, & pouffe fes
bouillons deux pieds plus haut que le
terrein. La troifieme a une grande
ouverture ronde, par laquelle elle fe
vuide dans un endroit fait en baffin,
comme s'il eut été taillé exprès dans la
pierre dure, & femblable à une chau-
diere de braffeur. En s'y déchargeant,
l'eau monte au troifieme bouillon, de
dix ou douze pieds au deffus des
bords, & enfuite baiffe de quatre pieds
& plus, au deffous, dans le baffin
ou réfervoir. A cet intervalle, on peut
en approcher affez près, pour voir
jufqu'à quel point elle baiffe ; mais
ceux qui ont cette curiofité, doivent
bien prendre garde de fe retirer avant
que le bouillon revienne. Sitôt que
l'eau eft arrivée à fon plus bas point, elle
remonte fur le champ ; ce qu'elle fait
en trois bouillons. Au premier, elle
monte à moitié chemin du bord ; au
fecond, comme je l'ai déja dit, elle
s'éleve de dix ou douze pieds au deffus ;
enfuite elle retombe tout d'un coup à
quatre pieds au deffous du bord du

K vj

refervoir ; & quand elle en eft venue là , elle monte à l'autre bout , & paffe enfuite à la fource du milieu , & ainfi de fuite , dans un ordre conftant & régulier.

Après avoir décrit ces fources , & la maniere furprenante dont elles montent, j'ajouterai, en peu de mots, quelques effets extraordinaires de l'eau. Si on verfe , dans des bouteilles , de l'eau de la plus grande de ces fources , elle continue à bouillir deux ou trois fois , en même temps que celle de la fource : c'eft ainfi que l'effervefcence dure quelque temps après que l'eau eft fortie de la fource; après cela elle baiffe tout d'un coup , & fe réfroidit. Si on bouche les bouteilles, au moment qu'elles font remplies , dès que l'eau monte, dans la fource , elles fe brifent en piéces. On a éprouvé cet effet fur quantité de bouteilles , pour s'affurer de la force de l'eau. Tout ce qu'on jette dans la fource, quand l'eau baiffe, elle l'attire avec elle au fond , même des chofes qui flotteroient fur un autre fluide femblable. Mais , dès que l'eau recommence à couler, elle rejette tout en haut, & on peut s'en appercevoir sur le côté du baffin. On en a fouvent fait l'épreuve avec des pierres fi groffes, & fi péfantes, qu'un homme fort & vigoureux, auroit eu peine à les remuer. Ces pierres faifoient un bruit violent en tombant au fond ; mais, quand l'eau recommença à couler, elles furent élancées, avec force, par deffus le rebord du puits. On voit, tout au tour, une grande quantité de pierres, dont on s'eft fervi pour faire de femblables expériences. A force de déborder ainfi, à la longue, l'eau a formé un petit ruiffeau, qui, à ce qu'il paroît, fe rafraîchit par degrés, & à la fin va fe perdre dans une petite riviere. Cette eau eft agréable à boire quand elle eft froide ; elle ne conferve aucun goût minéral. La plaine voifine eft communément garnie d'une belle croiffance de foin, excepté à environ deux toifes autour de la fource ou puits : car le lieu étant continuellement humecté par la chûte de l'eau, toute la terre a été emportée , & il n'y paroît abſolument rien que le rocher tout nud. A quelque petite diſtance de là , eſt une ferme, le long de laquelle coûle cette eau, en ſortant du puits ; elle n'eſt plus que tiede alors : les beſtiaux y vont boire, & les vaches y donnent beaucoup plus de lait que celles qu'on va abreuver ailleurs : c'eſt un fait univerſellement connu , & en même temps un effet bien extraordinaire de l'eau. Telles ſont les propriétés ſinguliéres & remarquables de ces puits ou ſources , dont il y a pluſieurs autres à peu près de même eſpece ; mais le bouillonnement alternatif de l'eau, eſt abſolument particulier à ces trois. Par tout où il y a quelques unes de ces ſources chaudes, elles exhalent continuellement une vapeur, ou fumée, qui eſt plus ou moins forte, ſelon que l'eau eſt agitée , ou que l'air eſt plus léger, ou plus péſant : cette vapeur s'apperçoit même quelquefois de fort loin.

Le ſoufre, ſelon M. Horrebows, ne ſe trouve pas par-tout, en Iſlande ;

ce n'eſt que dans quelques endroits, & particulierement ſur les montagnes du diſtrict de Noderſeyſſel, & près de Kruſevig, Il y eſt ſi abondant que, dans une heure de temps, on peut en ramaſſer aſſez pour charger quatre-vingt chevaux. » Les meilleures ›› mines de ſoufre ſe reconnoiſſent, » dit cet auteur, par une petite élévation que forme le terrein, & à ſon ›› centre eſt une ouverture, d'où il ‹› ſort une grande fumée.

Quoiqu'on ne trouve actuellement ni ſel, ni ſalpétre dans cette Iſle, M. Horrebows dit avoir tenu un morceau de ce dernier minéral. Quant au premier, il eſt conſtant qu'on y en a fabriqué autrefois. On trouve dans les diplómes, qui ont accordé l'établiſſement des couvens catholiques en Iſlande, un article qui permettoit que l'on fit du ſel, pour l'échanger contre d'autres marchandiſes.

Il raconte enſuite, qu'un habitant de cette iſle, a fait, il n'y a pas long-temps, une épreuve, qui ne pourroit manquer d'être fructueuſe, ſi le réſultat en étoit bien conſtaté. Ce particulier fit bouillir un tonneau de ſel François , dans de l'eau de mer. Après cette opération , il eut un tonneau un quart d'excellent ſel blanc (e).

Suivant notre hiſtorien moderne , les foréts y ſont moins rares que ne le dit M. Anderſon , & il s'en trouve pluſieurs d'environ deux de nos lieues de France. Il eſt vrai qu'elles ne peuvent ſuffire aux habitans.

Nous ne nous arrêterons pas à d'autres contradictions qui ſont moins intéreſſantes , telles que ſur la moiſſon que M. Anderſon prétend être fort difficile à faire , au lieu que M. Horrebows dit qu'elle eſt aiſée ; & que les pâturages n'y ſont pas d'un accès inabor-

---

(e) Pour que cette expérience fût très-avantageuſe , il reſteroit à eſſayer ſi ce ſel bouilli dans de l'eau de mer, ſale autant que le ſel ordinaire. Des eſſais journaliers ſemblent démontrer que du ſel, blanchi par l'ébulition , perd beaucoup de ſon âcreté, & de ſa ſalure. Cependant il pourroit arriver que l'eau de mer, ſe combinant avec le ſel fondu, en augmentât, à la fois, le volume & les qualités.

dable comme il les a dépeints fur l'algue-marine, que le premier dit fervir de nourriture aux habitans en temps de difette, & que le dernier foutient au contraire être excellente, & faire un aliment de goût plutôt que de néceffité, d'après l'épreuve qu'il en a faite lui-même.

Il croît auffi fur les rochers, à ce qu'il rapporte, beaucoup d'une plante nommée Mufcus Catharacticus (b), que les habitans trouvent d'un bon goût, & dont ils font une efpece de farine. Ceux qui font éloignés des endroits où croît cette plante, en vont chercher fur des chevaux, & en font des provifions pour eux, & pour vendre.

M. Horrebows fait enfuite mention d'un fait, dont n'a point parlé M. Anderfon. Il dit qu'on trouve en Iflande, à une grande profondeur fous terre, & entre des pierres, des morceaux d'une

____

(f) Bartholin en a donné une exacte defcription, dans fes *Acta medica & philofophica Hafnienfia*, année 1672. *Voyez le premier volume, page 126.*

matiere noire comme de l'ébéne, qu'il avoit d'abord pris pour du bois pétrifié ; mais l'ayant fait polir au rabot, le dedans en étoit très-luiſant, & ne différoit pas du bois ordinaire (c)

Il ajoute que les pêcheurs tirent avec leurs filets des morceaux de corail, mais que perſonne ne s'attache particuliérement à en rechercher.

Il n'y a qu'une ſeule eſpece d'aigles. » Quant à l'enlévement des enfans, » dit notre critique, c'eſt un pur conte » du *bon* M. Anderſon. «

Il eſt plus d'accord ſur l'article des Faucons. Ce qu'il en dit pourra faire plaiſir : nous allons donner un abregé de cet article.

Les Faucons, quoique de différentes couleurs, ſont tous de la même eſpece. Il ſont, en général, fort chers. C'eſt des habitans que les achetent les gens

___

(g) C'eſt une ſorte de bois foſſile, qu'on trouve fréquemment dans les tourbieres de tous les pays. Bartholin l'appelle *Ebene-foſſile. Voyez le quatrieme volume des Actes Med. & Phil. Haffn. page 182.*

envoyés par le roi de Dannemarck. Les Iſlandois ne peuvent prendre un ſeul de ſes oiſeaux, ſans une permiſſion du bailli de l'iſle.

Voici la façon de les attraper.

Comme les Faucons font toujours leurs nids ſur des rochers très-eſcarpés, & que les habitans connoiſſent tous ces endroits ; c'eſt près de-là qu'ils vont tendre leurs pieges. Ils conſiſtent à planter en terre deux piquets ſur une même ligne, à douze ou quinze pas de diſtance. On attache, au plus éloigné, une corde, de trois ou quatre braſſes, qui tient à une patte d'une de ces Perdrix à pieds-velus, que les Faucons aiment beaucoup, ou, à ſon défaut, d'une Poule, ou d'un Pigeon.

L'autre patte de l'oiſeau eſt liée à une ficelle, qui paſſe par le milieu du ſecond piquet, qu'on plante près du filet, On donne à cette ficelle trente ou quarante braſſes de long, ſuivant la diſpoſition du terrein, & la commodité des lieux propres à cacher le chaſſeur, qui en tient le bout. Quelquefois celui-ci demeure couché par terre le plus éloi-

gné de ſon filet qu'il eſt poſſible , pour
ſe dérober à la vue du Faucon , qui
évite les hommes avec beaucoup de
ſoin. Notre chaſſeur apperçoit-il un
Faucon tourner en planant ſur l'oiſeau
qui ſert d'appât ? il tire doucement la
ficelle qui tient la patte de la Perdrix.
Celle-ci s'éléve en l'air , & voltige autant que lui permet l'étendue de la corde, qui enchaîne ſon autre patte. A ſon
premier mouvement, le Faucon, qui
l'obſerve , fond ſur elle comme un
trait : d'un coup de bec lui coupe la tête , & dans l'inſtant , s'éléve dans les
airs , au-deſſus de l'oiſeau. Tandis qu'il
remonte ; le chaſſeur tire la Perdrix juſqu'au ſecond piquet , qui eſt près du
filet. Peu de temps après , le Faucon
revient ſaiſir ſa proie. C'eſt alors qu'on
ſerre le filet, & l'oiſeau ſe trouve pris.
La grande adreſſe eſt de s'en rendre
maître, ſans arracher aucune plume.
Aidé d'un autre homme , le chaſſeur
lui met un bonnet ſur les yeux, & l'emporte.

Continuons les remarques de M. Horrebows ſur M. Anderſon. Notre obſer-

vateur fait encore à ce dernier des reproches de sa trop grande crédulité à l'égard des moutons, à qui il donne gratuitement jusqu'à huit cornes. Celui-ci soutient qu'on n'en a jamais vu avec un si grand nombre, & qu'il est même très-rare d'en trouver qui en aient quatre.

Il n'est pas plus vrai, dit-il, que tous les bœufs & vaches soient absolument sans cornes. On en voit, à la vérité, quelques-uns qui en manquent, mais beaucoup en ont. Il est à remarquer que, dans la partie du sud de l'isle, quelques-uns de ces animaux sont sans cornes. Dans la partie du nord, on n'y en voit pas un seul. Cette observation confirme le sentiment que nous avons exposé sur la cause des cornes multipliées des moutons, & le défaut de ces cornes dans les bœufs & vaches. Car l'antagoniste de M. Anderson, dit expressément que c'est dans les cantons du nord, que sont les plus gras & les plus excellens pâturages de l'isle, & *vise versâ.*

A l'égard du passage des harengs,

que M. Anderſon a ſi bien décrit, il paroît n'y manquer qu'un peu plus d'exactitude, relativement à leur abord en Iſlande. M. Horrebows dit qu'il ſe paſſe quelquefois trois ans ſans qu'on voie un ſeul hareng ſur les côtes. Il convient auſſi que, lorſqu'ils y viennent, M. Anderſon n'a point exagéré la grande quantité qu'on en voit dans les bayes; puiſqu'il dit lui-même qu'ils ſont en colonnes ſi épaiſſes, qu'une chaloupe a peine à paſſer.

Notre écrivain Danois, parlant de la population de l'Iſlande, dit qu'on n'y compte guere que quatre-vingt mille ames. Que la cauſe de cette dépopulation eſt une ſuite de cette peſte noire, qui déſola les contrées ſeptentrionales en 1348, & 1350. Dans cette iſle, il n'échappa, à ce terrible fléau, que ceux qui ſe retirerent ſur des rochers; &, comme le Dannemarck en éprouva en même temps toute la rigueur, on n'a pas encore pu, depuis ce temps, y envoyer de nouvelles colonies.

M. Horrebows n'aſſure rien au ſujet

de l'époque où l'Islande a été peuplée.
Il rapporte seulement que quelques auteurs la placent en 861, d'autres en
874, & ne prend aucun parti. Cette
opinion paroît être celle de tous les auteurs Allemands, & même Islandois,
qui ont donné l'histoire de leur isle.
Malgré cette adoption universelle,
nous ne croyons pas qu'elle doive prévaloir sur les actes de Louis le Débonnaire, & du pape Grégoire V, qui faisoient déja mention de l'Islande en 834,
& dont nous avons donné l'extrait à
l'article du Groenland. Notre critique
trouve aussi bien des endroits répréhensibles dans le détail du logement,
des habillemens, & de quelques usages
des Islandois ; mais comme ces différences intéressent assez peu en général ;
nous nous contenterons de renvoyer à
l'original (x).

____

(h) Une personne de mérite travaille actuellement, à donner la traduction entiere de M. Horrebows. Cet ouvrage sera, sans doute, bien reçu des curieux, la Physique & l'Histoire du genre humain ne pourront manquer d'y puiser des connoissances utiles.

Nous allons finir cet extrait par les obſervations qu'il fait ſur les mœurs, la religion, & ſur le gouvernement civil de ces peuples.

Il nie formellement qu'ils ſoient ni auſſi mauvais ſoldats, ni ſi lâches & ſi attachés à leur iſle, que M. Anderſon les repréſente. Il dit que le courage avec lequel il a vu de ces habitans attendre & attaquer des ours, armés ſeulement d'un fuſil ou d'une pique , eſt une preuve qu'ils n'ont pas plus peur d'un fuſil que les autres hommes. » Parmi ces habitans, dit-il, j'en ai vu un, » pendant mon ſéjour en cette iſle, qui » avoit lui ſeul tué plus de vingt ours » en ſa vie avec une ſeule pique «.

Il y a eu des Iſlandois qui ſont parvenus aux grades de capitaines de fortifications ; & leur petit nombre eſt, ſelon lui, la ſeule cauſe qui les empéche de montrer leur courage (*t*).

____

(*i*) Ce que dit ici M. Horrebows , n'eſt pas concluant contre M. Anderſon. Le premier paroît prendre des cas particuliers, pour une règle générale ; & le ſecond a donné un portrait général de

» Il est si peu vrai, continue M. Hor-
» rebows, que ces insulaires soient at-
» tachés à leur isle jusqu'à en devenir
» malades, qu'il s'en trouve à Cop-
» penhague, qui ne veulent plus re-
» tourner en leur patrie. Lorsqu'un
» habitant a quitté son pays, les autres
» le regretent beaucoup, non par rap-
» port à lui-même, mais parce qu'ils
» sont très-fâchés qu'il ne revienne pas
» pour les instruire. Ce qui est bien
» opposé à la paresse & à l'apathie que
» M. Anderson leur attribue «.

Les prêtres ne sont pas non plus si
ignorans & si méprisables qu'on le croiroit, d'après le portrait qu'en a donné
cet écrivain. » Ils sont obligés, dit M.
» Horrebows, de subir des examens,
» & il s'en trouve dans le nombre qui
» sont très-sçavans. Loin que l'ivro-
» gnerie & la débauche soient des vi-
» ces très-communs parmi ces prê-

---

ces peuples , sans admission des caractères , des
mœurs , & de quelques usages particuliers ; & c'est
par-là , sans doute, qu'on doit prendre une Nation.

» tres, l'Evêque veille très-scrupuleu-
» sement à leur conduite ; & , dès qu'il
» se trouve un coupable , il est ren-
» voyé sur le champ «.

A en croire notre apologiste des Islandois , le vœu de M. Anderson se trouve rempli. » Je passerois volon-
» tiers , dit ce dernier , la simplicité
» du culte des Islandois, si l'on pou-
» voit dire , à leur égard , ce qu'on di-
» soit dans la primitive église , *crosses*
» *de bois* , *évêques d'or* «. Les évê-chés d'Islande ne valent en tout, dit M. Horrebows, que deux mille écus , sur lesquels l'Evêque est obligé de payer les prêtres de son diocése, d'entretenir un certain nombre d'étudians , & faire faire les réparations nécessaires aux églises ; ensorte qu'il lui reste très-peu de chose ; & surement c'est ici qu'ils se rapprochent le plus des apôtres.

Il est constamment faux que l'eau-de-vie fasse partie de la cérémonie du mariage. Dans l'église, on n'y boit pas plus qu'ailleurs. Après l'administration du sacrement , le prêtre fait, aux époux, une courte exhortation usitée en pareil cas ; puis les mariés se retirent chez eux, où ils boivent, mangent, & font ce qui leur plaît, & tout autant qu'ils veulent.

Notre Danois dit qu'il meurt beaucoup de femmes en couches, faute de sages-femmes. Il est si contraire à la vérité que les nouvelles accouchées aillent se baigner aussi-tôt après leur délivrance, que la régle générale est qu'elles font huit jours sans sortir. Les enfans ont des berceaux, comme partout ailleurs ; & on ne les met en veste & en culottes qu'à dix semaines.

Il n'y a dans toute l'isle, dit M. Horrebows, que vingt-un sous-baillifs subordonnés au grand baillif, & il n'est point vrai qu'ils fassent eux-mêmes les exécutions. On se sert de gens dévoués à cet office.

DE LA
NOUVELLE-ZEMBLE.

LE peu de connoiſſances que l'on a de ce pays , pourroit bien , ſans doute , nous diſpenſer d'en parler. Cependant, pour ne rien laiſſer à deſirer à cet égard, nous avons pris ſoin de raſſembler toutes les obſervations éparſes dans les différens voyageurs qui en ont viſité les côtes. Cette voie nous a mis à portée de donner de la Nouvelle Zemble une deſcription , ſinon complette , du moins auſſi exacte qu'il eſt poſſible de la faire.

Les Géographes ſont peu d'accord ſur le véritable état de cette terre. Les uns nous la repréſentent comme une iſle , ſéparée de notre continent par le détroit de Weigats , & toujours bordée , de ce côté , par des montagnes de glace d'une hauteur étonnante. Les autres nous la donnent pour une péninsule, & assurent qu'elle tient, par un isthme, au côté oriental de la Sybérie, près de l'embouchure du fleuve Oby (a).

On convient mieux de son étendue. Tous s'accordent à la placer depuis le soixante neuvieme degré de latitude, jusques près du soixante dix-septième. Sa longueur est d'environ deux cens lieues sur soixante à soixante & dix de large.

Le nom de Nouvelle - Zemble signifie, en langue Russe, nouveau pays (b).

____

(a) M. Anderson dit, d'après le Baron de Stralhenberg, qu'il est certain, par des découvertes nouvellement faites, que la Nouvelle-Zemble tient à la Sybérie, proche l'embouchure du fleuve Oby. *Histoire du Groenland, page 264.*

Baudrand est aussi de cet avis : Voici comme il s'explique. *Recentiores quidam existimant hanc regionem partem esse Tartariæ magnæ, & ei junctam esse versùs ortum, ut cognoverunt ex itineriis nautarum.* Baudrand, Geograph. in-fol. Paris, 1682.

(b) Le Baron de Stralhenberg remarque que la Nouvelle - Zemble est l'isle de Tazata, que Pline

Les Hollandois font les premiers Européens qui y aient abordé en cherchant, dans la mer du nord, un paſſage pour aller à la Chine & au Japon.

Les voyages les plus connus, font ceux de Jacques Heemskerk, & Guillaume Barents en 1596, & celui du capitaine Wood, Anglois, en 1676. Ces navigateurs perdirent leurs vaiſſeaux dans les glaces, & s'y trouverent réduits dans l'état le plus déplorable. Les premiers ſurtout éprouverent, pendant dix mois, tout ce que la miſere peut avoir de plus affreux dans une région ſi horrible. Le récit d'une ſituation auſſi cruelle, préſente une peinture in-

---

place dans la mer ſeptentrionale, ou de Scythie. Elle fut ainſi nommée, anciennement, d'après le fleuve Taas, qui eſt paſſablement grand & navigable pour de gros bâtimens. Ce Fleuve ſe décharge vis-à vis la Nouvelle-Zemble, dans le même Golfe que l'Oby, avant d'entrer dans le détroit de Welgats. Les Ruſſes lui donnent le nom de Guba, Taſowskaia, c'eſt-à-dire, Golfe du Taas. C'eſt du nom de ce fleuve auſſi qu'on avoit appellé l'iſle, qui en eſt tout près, *Taſata*, ou iſle de Taas. *Deſcript. Hiſt. de l'Emp. Ruſſien*, tome I, page 301.

téreffante. Nous allons en donner l'ef-
quiffe. Elle fervira auffi à acquitter la
promeffe que nous avons faite à l'article du Spitzberg.

Heemskerk & Barents, partis de
Hollande le 18 mai 1596, s'étoient
avancés jufqu'au foixante-feizieme degré fur les côtes de la Nouvelle-Zemble. Des glaces furvenues tout-à-coup,
mirent un obftacle infurmontable à
leur retour dans leur patrie. Leur vaiffeau étoit à demi-fracaffé par les glaçons énormes qui venoient le heurter
avec violence, & former autour de lui
des montagnes auffi hautes que dangereufes. On étoit au commencement de
feptembre, & déja l'hiver faifoit fentir
fes rigueurs : heureufement la terre ferme n'étoit pas éloignée. Il ne leur reftoit d'autres reffources, pour fe garantir du froid fi terrible dans ces climats,
que d'y bâtir une hute ; c'eft auffi le
parti qu'ils prirent.

Ce fut pour eux un agréable augu-
re, que de trouver, dans une terre où
l'on ne découvroit pas une feule plante, beaucoup de bois, & jufqu'à des

arbres entiers très-beaux , que la mer avoit amoncelés ſur les côtes (c). Cette

------

(c) Il paroît fort étonnant, ſans doute , que , ſur les côtes de ces pays ſi ſtériles, la Nouvelle-Zemble , l'Iſlande , le Groenland & le Spitzberg , on y rencontre une ſi grande quantité de gros arbres flot-tans ; car d'où pourroient-ils venir ? Juſqu'à préſent on a été fort embarraſſé de répondre à cette queſtion. Toutes les connoiſſances que l'on a ſur ce ſujet , ſe réduiſent à l'aſſertion du fait , mais la queſtion demeure toujours inſoluble. Chaque navigateur donne bien ſes conjectures , mais aucun n'apporte de raiſon convaincante.

Suivant l'opinion de M. Ellis *, qui a adopté celle de M. Egede , miſſionnaire, les arbres que l'on trouve ſur les côtes du Groenland, paroiſſent venir de la côte orientale de ce continent, d'où ils ſont chaſſés par un vent de nord ou nord-eſt ſur la côte occidentale , où les Danois ont des habitations.

Cette conjecture, fort incertaine relativement au Groenland , perd toute probabilité à l'égard de la Zemble , du Spitzberg & de l'Iſlande ; ou bien il faudroit ſuppoſer deux choſes ; la premiere, qu'il croît des arbres ſur les côtes orientales du Groenland ; & la ſeconde, qu'une partie de ces arbres qu'on trouve ſur les côtes occidentales , eſt repouſſée ſur celles du Spitzberg , de l'Iſlande , de la Nouvelle-Zem-

(*) *Voyage à la baie de Hudſon , tom. I , pag.* 16.

découverte leur procuroit les moyens
de se mettre doublement à l'abri de ce
qu'ils avoient à craindre dans un desert

ble, par un vent de sud ou sud-ouest. Mais ces suppo-
sitions seroient contre l'expérience, puisqu'il est constant que ces vents ne soufflent presque jamais dans
ces contrées, & que les côtes orientales du Groenland,
ainsi que l'espace compris entre le Spitzberg & la
Nouvelle-Zemble, sont continuellement remplis de
montagnes énormes de glaces, qui en rendent l'accès inabordable.

Le sentiment de Goulden, navigateur Anglois, qui,
au rapport de Wood, a fait plus de trente voyages au
Groenland, est bien plus probable. Il dit qu'il est à
présumer que le bois que l'on trouve sur les côtes du
Groenland, & des autres contrées septentrionales,
ne vient que de la terre de Jesso, ou du Japon, ou
de quelqu'autre pays voisin.

La raison qu'il en donne, résulte d'une observation fort juste, qui pourroit devenir un nouveau témoignage en faveur de ceux qui croient à l'existence d'un passage à la Chine par le nord. Goulden
ajoute avoir observé, que tout le bois, que l'on trouve
dans les parages du nord, est rongé jusqu'à la moëlle
par des vers de mer ; d'où il conclud qu'il ne peut
venir que des pays chauds, puisqu'on est assuré que les
vers ne rongent point dans un climat froid. *Voyez le
premier vol. des Voyages au nord, pag.* 111.

L v

ſi affreux, le froid & les bêtes féroces.

Le 24 octobre, tout l'équipage, au nombre de ſeize perſonnes, prit poſſeſſion de la cabane. On ne s'occupa plus que d'y voiturer, ſur un traîneau, toutes les proviſions qui étoient à bord du navire. Le ſoleil, dont la vue faiſoit alors leur ſeul plaiſir, commençoit à les abandonner. Chaque jour diminuoit d'une façon également ſenſible & effrayante. Cette circonſtance les fit redoubler de travail, pour tranſporter dans la hute tous les vivres qui leur reſtoient. Ce n'eſt qu'après des travaux extraordinaires, & des combats terribles, qu'ils eurent à eſſuyer contre des ours, qu'ils parvinrent enfin à voir leur cabane bien approviſionnée. L'eſpérance qu'ils conſervoient toujours de dégager leur vaiſſeau au retour de l'été, & de revoir leur patrie, leur fit ſerrer avec ſoin, les ancres, les agrès, & tout ce qui appartient à la manœuvre.

Le 2 novembre, ils ne virent qu'une partie du globe du ſoleil, & le 4, il ne parut pas du tout. La lune alors avoit pris ſa place ; & , lorſqu'elle fut en ſon plus haut période, elle paroissoit continuellement jour & nuit. Le 6, fut un jour si sombre, qu'on ne le put distinguer de la nuit, d'autant plus que l'horloge, qu'on auroit pu consulter, s'étoit arrêtée. Aussi tout le monde demeura au lit très-longtemps; & lorsqu'on se leva, on ne put distinguer positivement, si le peu de clarté qu'il faisoit venoit du jour ou de la lune. Il y eut même beaucoup de dispute à ce sujet: on reconnut cependant qu'on étoit au plus haut du jour.

Aux maux présens, l'avenir en ajoutoit encore qui n'étoient pas moins terribles, en faisant craindre la disette de vivres.

Le 8, après avoir fait état de ce qu'il en restoit, on régla les rations de biscuit à quatre livres cinq onces pour huit jours; ration qui n'étoit auparavant que pour cinq jours. A l'égard de la viande & du poisson, ils étoient assez abondans; mais le vin commençoit à manquer; & ce qui restoit de bierre étoit sans force & sans qualité. On avoit fait des trappes pour les renards,,

& l'on en prenoit quelques-uns qui venoient alors ſe montrer ; au lieu que
les ours s'étoient retirés en même temps
que le ſoleil, & ne reparurent qu'à ſon
retour.

Le 12, on prit le parti de régler la
diſtribution du vin, à chacun deux petites taſſes par jour ; & la ſeule boiſſon
qu'on eut d'ailleurs, étoit de l'eau de
neige fondue. Le 18, Barents diſtribua,
à tous les gens, une piece de gros drap
pour s'en ſervir contre le froid, ainſi
que chacun l'aviſeroit. Il en fut de même des chemiſes & des draps ; chacun cherchoit à ſe ſoulager par toutes
ſortes de moyens. Mais on avoit beaucoup de difficultés à blanchir le linge.
A peine étoit-il hors de l'eau bouillante, que la gelée le roidiſſoit de façon,
qu'il étoit impoſſible de le tordre. Si on
l'expoſoit au feu, le côté qui étoit en
dehors reſtoit toujours gelé : de façon
que c'étoit un travail fort pénible, que
de tourner ſans ceſſe ce linge, ou de le
replonger continuellement dans l'eau
bouillante pour le faire dégeler. Le
26, & les jours ſuivans, il tomba une

ſi grande quantité de neige, que la hute
s'en trouva entiérement couverte : il
fut impoſſible d'en ſortir, quelque beſoin que l'on en eût. Le 29, on déga-
gea une porte, & on ſfit un trou par
lequel chacun ſortit en rampant. Les
trappes étoient auſſi couvertes de neige : elles furent dégagées ; &, dès le
même jour, il s'y prit un renard. Cette
chaſſe leur étoit d'autant plus précieu-
ſe, qu'ils trouvoient à la fois, dans cet
animal, un aliment que la faim leur
faiſoit dévorer avec avidité, & des
fourrures propres à faire des bonnets
très-utiles contre le froid.

Le premier décembre, la hute ſe
trouvant de nouveau enſevelie ſous les
neiges, les Hollandois avoient à ſe
défendre à la fois de deux fléaux in-
ſupportables, le froid, & la fumée.
Les ténébres redoubloient encore
l'horreur de cette ſituation. Tous, à
l'exception du cuiſinier, demeurerent
au lit pendant trois jours, ſans avoir
d'autre ſoulagement contre le froid,
que quelques pierres chauffées qu'ils
ſe donnoient tour à tour dans les lits.

Le 3, fut un jour de confternation pour ces malheureux ; l'horrible fracas que faifoient les glaces de la mer, qui fembloient s'amonceler près de la hute, faifoit craindre, à chaque inftant, que ces montagnes ne vinffent la fracaffer, & les enfevelir fous ces ruines. Leur défaftre cependant ne faifoit qu'acroître au lieu de diminuer. Le 6, parut être à la fois le comble & le terme de leur mifere. La gelée fut fi vive, & le froid fi pénétrant, que les plus vigoureux en furent abbatus. Tous fe regardoient languiffamment, & fembloient fe dire, d'un œil de pitié, qu'un froid fi cruel ne pouvoit manquer d'éteindre leur vie.

Le plus grand feu n'étoit plus capable de les réchauffer. Tout étoit gelé jufqu'au vin de Xerès, dont la chaleur eft fi connue. Aux jours de diftribution, on étoit obligé de le faire dégeler, & chacun en avoit une demi-pinte pour deux jours. De l'eau de neige fondue fuppléoit à fon défaut : qu'on juge fi une pareille boiffon étoit bien propre à foutenir ces malheureux dans l'état déplorable où l'excès du froid les avoit réduits.

Après avoir échappé jufques là aux dangers qui naiffoient à chaque inftant des circonftances funeftes où ils fe trouvoient, les infortunés Hollandois faillirent de périr tous enfemble, à la fuite d'un accident horrible que la réflexion eût pu leur faire prévoir. Le bois manquoit : le froid ne diminuoit rien de fon *acreté*, & l'on ne fçavoit quels moyens employer pour y réfifter. On fe reffouvint qu'on avoit laiffé du charbon de terre à bord du vaiffeau : on prit le parti de l'aller chercher, parce que le feu en eft ardent, & de longue durée. On brûla une grande quantité de cette matiere, & chacun s'applaudiffoit des effets de ce feu, qui les avoit bien réchauffés, fans en prévoir les conféquences dangereufes. On boucha exactement toutes les ouvertures de la hute, pour fe procurer une nuit chaude & agréable. Cette difpofition les rendit même plus gais qu'à l'ordinaire, & les engagea à converfer affez longtemps après s'être couchés.

Bientôt la vapeur maligne , que le charbon avoit exhalée , produifit les maux les plus funeftes. Tous fe trouverent attaqués d'étourdiffemens & de vertiges , qui leur ôtoient non feulement la force de fe remuer , mais même celle de fe plaindre. Quelques-uns s'étant cependant traînés à la porte , parvinrent , non fans peine , à l'ouvrir.

Le premier , qui fortit , tomba fans connoiffance fur la neige. Dès l'inftant que la porte fut ouverte , le froid qu'ils regardoient comme le mal le plus fenfible , fut ce qui leur fit le plus grand bien , & les rétablit en peu de temps. Barents , pour y contribuer , leur donna à chacun un verre de vin. Tous convinrent qu'un quart d'heure plus tard , leur perte étoit inévitable , & que la grande foibleffe qu'ils avoient effuyée , les auroit réciproquement mis hors d'état de fe donner le plus petit fecours.

Depuis le 9 jufqu'au 12 , le temps fut clair & ferein ; cependant le froid fut fi grand , qu'il eft impoffible d'en rendre l'intenfité. Dans la hute même , le cuir des fouliers géla aux pieds , devint

auffi dur que de la corne, & hors d'état de
fervir. Pour y fuppléer, les Hollandois
fe firent des chauffons avec des peaux
de moutons qu'ils avoient apportées,
& en mettoient trois ou quatre paires
l'une fur l'autre, encore avoient - ils
beaucoup de peine à fe réchauffer les
pieds. S'ils demeuroient dehors un peu
de temps, il s'élevoit fur le vifage,
les lévres & les oreilles, des puftules
qui geloient auffi-tôt. Il falloit brûler
fes bas & fes chauffons pour fentir un
peu de chaleur aux pieds, & encore l'on
étoit plutôt averti de la brûlure des
bas par l'odorat que par le tact.

Telle fut la fin de décembre. C'eft
dans ces fouffrances que le malheureux
refte de l'équipage entra dans l'année
1597.

L'air s'étant un peu adouci, la porte, qui avoit été fermée pendant plufieurs jours, fut dégagée, & ouverte.
On fut chercher du bois, on le fendit;
on mit ordre enfin à tout ce qui étoit
le plus néceffaire. Parmi des exercices
fi pénibles, les matelots fe reffouvin-
rent qu'ils étoient à la veille des Rois.

Ils prierent Barents de leur permettre de célébrer cette fête. On fit des billets, on les tira, & un canonier fut élu, par le fort, comme dit le journaliſte, Roi de la Nouvelle-Zemble, c'eſt-à-dire, d'un pays qui a deux cens lieues de long. Deux livres de farine qu'ils avoient, furent employées à faire des bignets qu'on fit cuire à l'huile, & qui furent mangés avec autant de délices, que les mêts les plus délicats. Ce repas fut accompagné d'une libation de tout le vin qu'ils avoient volontairement épargné juſques là. Enfin, les Rois furent fêtés, comme ſi chaque matelot eût été chez lui, ſans inquiétude. C'eſt ainſi qu'au milieu des peines & des douleurs, il reſte toujours un goût naturel pour les plaiſirs des ſens.

Le 24, ils revirent une partie du diſque du ſoleil pour la premiere fois; ce qui donna lieu à de grandes conteſtations & à des gageures, parce que Barents, pilote très-expérimenté, prétendit que cet aſtre (*d*) ne devoit ſe

____

(*d*) On peut conſulter le grand Atlas de Blaeu,

montrer que quatorze jours plus tard.

Après avoir continué d'essuyer de très-rudes gelées, & des travaux excessifs pour se procurer du bois, sans parler des fréquentes attaques des ours, qui leur causoient beaucoup d'embarras : le mois de juin arriva enfin. Les glaces s'ouvrirent ; la mer commença à devenir un peu libre. Le vaisseau cependant demeuroit toujours pris dans les glaces. On perdit même toute espérance de le dégager. C'est ce qui les détermina à s'embarquer dans la chaloupe & une scute (e).

____

on y trouve une longue dissertation à ce sujet. *vol. I*, *page* 34.

Le celèbre Caffini paroît avoir mieux résolu la difficulté. Après avoir décrit un parhelie, qu'il avoit observé, il ajoute que la fameuse observation des Hollandois, à la Nouvelle-Zemble, qui virent le Soleil sur l'Horison, quatorze jours plutôt qu'ils ne devoient, selon les règles de l'Astronomie, peut bien s'expliquer par ce phénomène ; & il pense que ce que ces Voyageurs prirent pour le Soleil, n'étoit autre chose qu'un parhelie, tel que celui qu'il décrit. *Voyez les Mémoires de l'Académie des Sciences*, *année* 1693, *page* 16 *&* 169.

(e) Espèce de barque, propre à la pêche du Hareng.

Barents, dont la ſanté s'étoit affoi-
blie depuis longtemps, rappella toutes ſes forces pour compoſer un mémoire, qui contenoit les circonſtances
de leur voyage, de leur arrivée dans la
Nouvelle-Zemble, du ſéjour qu'ils y
avoient fait, & de leur départ. Il dé-
poſa ce papier dans une boëte qu'il pen-
dit dans la cheminée de la hute, pour
inſtruire ceux qui pourroient y aborder, par quelle avanture ils trouvoient
les miſérables reſtes d'une cabane qui
avoit été habitée pendant neuf ou dix
mois.

Ces petits bâtimens étant chargés,
on leva l'ancre, & on fit voile le 14
juin. Ces malheureux Hollandois trouverent de nouveaux obſtacles dans les
glaces, & ne parvinrent, qu'après des
efforts incroyables & mille peines in-
dicibles, au Cap-Candenoes, où ils
trouverent des Ruſſes, de qui ils tire-
rent quelques ſecours.

Aux travaux de la navigation, ſe
joignoient alors les douleurs du ſcor-
but, dont ils étoient attaqués. Ils trouverent ſur les côtes où ils aborderent

beaucoup de biftorte (f), qui leur fit un grand bien, & ranima leur courage.

Le 2 feptembre, ils arriverent heureufement à Kola, petite ville de la Laponie Ruffienne: de-là, ils fe rendirent, le premier novembre, à Amfterdam. Leur retour, après le danger qu'ils avoient couru, & le féjour qu'ils avoient fait dans un pays jufqu'alors inconnu, n'infpira pas moins d'admiration pour leur courage, que d'étonnement pour la fingularité de leur avanture.

Le naufrage du capitaine Anglois, dont nous avons parlé, fans former un tableau auffi frappant que celui qu'on vient de voir, ne peut cependant manquer d'intéreffer. Des exemples de l'induftrie humaine, fuggérée par la néceffité, préfentent toujours des leçons admirables aux hommes, & leur apprennent en même temps à ne jamais défefpérer de leur fort.

Wood étoit parti d'Angleterre en compagnie du capitaine Flawes, qui

____

(f) Plante antifcorbutique.

montoit le *Prospere*. Ces deux navigateurs avoient ordre de chercher un
passage, pour les Indes orientales, entre la Nouvelle-Zemble & la Tartarie.
Leur voyage fut sans succès. Une vio-
lente tempête ayant séparé, le 29 juin,
Wood de Flawes, le premier perdit son
vaisseau, une pinasse & deux hommes
sur les côtes de la Nouvelle-Zemble.
Il eut beaucoup de peine à se tirer de
danger , ainsi que tout le reste de l'é-
quipage, qui consistoit en soixante dix
hommes. Tous avoient été successivement amenés à terre dans la chaloupe ;
mais leur sort n'en étoit pas moins à
plaindre : on avoit échappé à Cha-
rybde ; Scylla sembloit inévitable. L'a-
venir leur présentoit une mort assurée
dans un desert où tout leur manquoit.
Une heureuse circonstance, née même
de leur malheur, fut ce qui les sauva.

La tempête , qui avoit brisé leur
vaisseau, en jetta sur le rivage où ils
avoient débarqué quantité de débris,
qui leur servirent à bâtir des tentes pour
se garantir du froid. Il s'y joignit aussi
quelques tonneaux de farine , un grand

nombre de barils d'eau-de-vie, une barique de bierre, & une tonne d'huile. Ces fecours, qui paroiſſoient leur montrer l'œil de la providence ouvert ſur leur ſituation, ranimerent leur courage & leurs eſpérances. Voici comment Wood décrit la ſuite de leur débarquement. Nous allons donner ce récit dans les termes du voyageur, qui ne ſe reſſentent pas de la conſternation où il ſe trouvoit alors.

» Nous nous tranſportâmes avec
» nos proviſions ſur une montagne,
» où les natifs du pays, c'eſt-à-dire,
» des ours blancs, d'une grandeur pro-
» digieuſe, vinrent nous rendre viſi-
» te. Un de nos gens tira un coup de
» fuſil ſur un de ces meſſieurs, & l'at-
» trapa apparemment, car il ſe ſauva
» bien vîte. Nous nous dépêchâmes
» enſuite de dreſſer une tente pour
» nous garantir du froid, & pour ſer-
» rer nos proviſions, avec du canne-
» vas, que nous avions ſauvé à cet effet.
» Nous l'étendîmes ſur des avirons
» & des barres, & nous fîmes un foſſé
» tout autour de cette tente, pour nous

» éviter des visites pareilles à celles
» que nous avions d'abord reçues.
» Pendant ce travail, nous eûmes fort
» à souffrir de la rigueur du temps.
» Nous étions mouillés , il faisoit très-
» froid, & le feu nous manquoit. No-
» tre unique recours fut à Dieu, que
» nous priâmes de nous envoyer le
» vaisseau de Flawes. Le 30 juin, il fit
» un vent frais, accompagné de grands
» brouillards. La mer , qui étoit tou-
» jours grosse, continua, pendant
» quelques jours , d'envoyer à terre
» des avirons , des barres , des plan-
» ches, des morceaux de bœuf & de
» cochons , qui étoient sortis des ton-
» neaux défoncés par la tempéte , &
» toutes sortes de bois , restes de
» notre malheureux vaisseau. Nous
» sauvâmes, de ces débris , autant
» qu'il nous fut possible, & nous nous
» en servîmes à dresser plusieurs ten-
» tes , & à faire du feu.
» C'est ainsi que nous passâmes huit
» jours dans la plus triste perplexité.
» L'espérance que nous avions de dé-
» couvrir *le Prospère*, étoit fort con-
» trariée

» trariée par un brouillard épais, qui
» nous déroboit la vue des objets, à
» vingt pas. Pour nous tirer d'un état
» si déplorable , il ne nous reſtoit de
» reſſource que dans notre chaloupe ;
» mais elle ne pouvoit coutenir que
» trente hommes , & nous étions ſoi-
» xante & dix. Nous ſongeâmes à l'al-
» longer de douze pieds, à l'élever,
» & y faire un pont, afin de nous
» embarquer tous. Mais, après avoir
» conſidéré que les matériaux & les
» ouvriers manquoient , les matelots
» ne voulurent pas conſentir qu'on la
» coupât; ils dirent qu'ils aimoient
» mieux aller par terre , juſqu'au Wei-
» gats : réſolution que le péril immi-
» nent où l'on ſe trouvoit, pouvoit
» ſeul inſpirer, mais dont l'exécution
» étoit évidemment impraticable. Ce-
» pendant, ſi d'un côté je ne voyois
» aucune apparence de pouvoir nous
» ſauver par terre , de l'autre , il n'y
» avoit pas moins de difficultés par
» mer ; puiſqu'avant de pouvoir em-
» barquer trente hommes, il falloit
» qu'il y en eût quarante de morts.

» Je laiʃʃe à penʃer l'extrêmité où nous
» nous trouvions alors, ʃi la Provi-
» dence ne nous eût ʃecourus ; & dans
» quelle agitation d'eʃprit je devois
» être , puiʃque toutes mes penʃées
» ne pouvoient s'arrêter que ʃur quel-
» que choʃe de tragique. Les brouil-
» lards, la neige, la pluie, la gelée,
» nous incommodoient beaucoup.
» Enfin, le huit juillet, le temps s'é-
» claircît dans la matinée. Quel plai-
» ʃir pour nous ! & que notre perple-
» xité fut bientôt convertie en une
» joie inexprimable ! Nous apperçu-
» mes, non loin de nous , le vaiʃ-
» ʃeau du capitaine Flawes. Nous fî-
» mes des ʃignaux ; il les entendit,
» & nous envoya ʃa chaloupe. La
» crainte d'être encore ʃurpris par les
» brouillards, nous fit hâter de nous
» rendre à ʃon bord. Nous laiʃsâmes
» à terre, tout ce que nous avions ti-
» ré du naufrage, & nous abordâmes
» heureuʃement le Proʃpère, qui nous
» débarqua en Angleterre, à la fin
» du mois d'août. «

Il réʃulte des rapports des différens

voyageurs , que la Nouvelle-Zemble eſt le plus miſérable pays qui ſoit au monde ; un pays rempli de montagnes & toujours couvert de neige. Les ſeuls endroits qui en ſoient exempts, ſont des fondrieres inacceſſibles, où il croît une ſorte de mouſſe, qui porte de petites fleurs bleues & jaunes, & c'eſt à quoi ſe bornent toutes les productions de cette iſle.

» Après avoir creuſé environ deux
» pieds en terre, (dit Wood) nous
» ne trouvâmes que de la glace, auſſi
» dure que du marbre (*f*) « ; choſe

(*f*) Nous croyons qu'on peut rendre raiſon de ce phénomène , en réfléchiſſant ſur ce que dit M. de Buffon, dans ſon Hiſtoire naturelle, de la diminution des montagnes, & de l'élévation des vallées. Dans une terre où le froid eſt preſque continuel, il ne paroîtra pas ſurprenant que des glaces enſevelies, ſous la terre qu'une fonte de neige aura entrainée ſucceſſivement de deſſus les montagnes, puiſſent ſe conſerver & ſe dourcir au point où Wood les dépeint. *Hiſt. nat. de M. de Buffon. in-*12, *tome II, page* 237.

Voyez auſſi le Monde ſouterrain du P. Kircher, *lib.* 2, *cap.* 12.

dont on n'avoit jamais oui parler auparavant , & qui tromperoit infini-
ment ceux qui s'imaginent que dans la
néceſſité de paſſer l'hiver dans ce pays,
ils pourroient faire des caves ſous terre
pour s'y loger , & ſe garantir du froid.

La neige , dans tous les autres climats, ſe fond beaucoup plutôt ſur le
bord de la mer, que dans les autres
endroits ; c'eſt ici tout le contraire.
La mer bat contre des montagnes de
neige , qui dans quelques lieux ſont
très-hautes. Elle a formé des cavernes profondes dans cette neige , qui
paroît comme ſuſpendue au deſſus de
cet élément : ce qui préſente un objet tout-à-fait effrayant. Notre obſervateur monta ſur le ſommet des montagnes , & dit n'y avoir point trouvé
de neige. Il ne vit que des Ours blancs,
des eſpeces de Lapins gros comme des Rats , ſans doute des Lem-
mers , des oiſeaux ſemblables aux
Allouëtes , & les traces de quelques
bêtes fauves. A chaque quart de mille,
on rencontre un petit ruiſſeau de fort
bonne-eau , quoiqu'elle ne provienne

que de neige fondue. Vers le rivage de la mer, où ces ruisseaux tombent, on apperçoit du mabre noir, rayé de blanc. L'eau de la mer, près de la glace & de la terre, est la plus salée, la plus pésante, & la plus claire qui soit au monde. A quatre-vingt brasses, qui font quatre cens quatre-vingt pieds, on voit parfaitement le fond & les coquillages.

Après avoir donné une idée de la Nouvelle-Zemble & de ses productions, nous desirerions bien en faire de même à l'égard de ses habitans; mais nous avouons que les lumieres manquent sur ce sujet. Il n'y a que peu de voyageurs qui aient parlé des Zembliens, & le portrait qu'ils nous en ont donné est si imparfait, que leur existence paroît une chimere. Le plus grand nombre des auteurs, & des voyageurs modernes, prétendent que la Nouvelle - Zemble n'a point d'habitans naturels (g), & que

(g) C'est l'opinion la plus probable. Voyez le second voyage au Weigatz, par les Hollandois,

les hommes qu'on y trouve, ſont des Samojedes, qui y paſſent à la mi-mai, & qui s'y occupent tout l'été, ſeulement, à la pêche & à la chaſſe.

Ces Sauvages diſent qu'il n'y a point d'habitans, que ceux de leur nation, qui y vont, & qui y reſtent l'hiver, lorſqu'ils ne peuvent pas s'en revenir. Ils rapportent même qu'il en périt ſouvent par un vent de nord, qui éteint la chaleur naturelle en peu de temps, quelques précautions qu'on ait priſes pour ſe garantir des effets du froid. C'eſt ce qui rend cette iſle abſolument inhabitable.

Le portrait, d'ailleurs, qu'on nous

---

inſéré dans le Recueil des Voyages au Nord. *Amſterdam*, 1718, *tome* 4, *page* 196 & 197.

Les Voyages au Nord du **P. Hennepin.** *in-*12, *tome* 2.

L'Hiſtoire Généalogique des **Tatars.** *in* - 12, *page* 107.

Les Mémoires de la Grande-Ruſſie, par M. le Baron de Stralhenberg. Il paroît que c'eſt auſſi le ſentiment de M. Buache ; voyez ſon mémoire ſur les terres arctiques, lu à l'Académie des Sciences, le 13 Novembre, 1754.

fait des Zembliens, est si ressemblant aux Samojedes, qu'en décrivant ceux-ci, nous ferions nécessairement le portrait des premiers, s'ils existoient.

Tous les navigateurs Hollandois & Anglois, qui ont abordé à la Nouvelle-Zemble, rapportent n'avoir vu aucun habitant dans cette isle. La Martiniere est le seul qui ait rapporté en avoir vus. Persuadé que c'est rendre service au public, que de relever les erreurs des écrivains célèbres, nous ne pouvons nous empêcher de dire ici que M. de Buffon, si justement en vénération dans la république des lettres, se trompe, lorsque, d'après ce rélateur, il parle des Zembliens & des Borandiens. Tout ce que la Martiniere en rapporte, est évidemment faux : ces peuples sont purement imaginaires, l'on ignore jusqu'à leurs noms même, dans tout le nord, & vraisemblablement ils ne doivent leur existence qu'à la relation mensongere de ce voyageur (h). Il est si peu clair-

____

(h) Voyez un nouveau Mémoire sur les Samojedes

M iv

voyant , & ſi crédule , que nous craindrions de nous rendre complices de ſes infidélités , en haſardant quelque choſes ſur ſon ſeul témoignage. Pour mettre nos lecteurs à portée de juger du degré de créance qu'on peut accorder à ce relateur , nous allons citer un exemple de ſa crédulité.

Il raconte, fort ſérieuſement , que le capitaine de ſon vaiſſeau , & lui, aiant appris que des Lapons, habitants les côtes de Finnie (*i*) , étoient ſorciers , & diſpoſoient des vents à leur volonté , ils s'adreſſerent au principal négromancien du lieu. Ils le prierent de leur fournir un vent qui les portât au Cap-Nord , dont ils étoient fort éloignés. Le Lapon leur repondit qu'il ne pouvoit fournir du vent que pour les conduire juſqu'à un promontoire qu'il leur nomma , & qui étoit aſſez près du Cap où ils vouloient

<hr>

& les Lappons, inſéré dans le Journal Encyclopédique du mois de novembre 1762.

(*h*) On donne ce nom à la Laponie Dannoiſe

aborder. En conféquence, ils firent marché pour ce vent, à vingt francs & une livre de tabac. Le forcier attacha, à un coin de la voile du mât d'avant, un lambeau de toile, de la longueur d'un tiers d'aune, large de quatre doigts, auquel il avoit fait trois nœuds, & regagna fon habitation.

Si la Martiniere eut borné là fon recit, on pourroit, fans doute, taxer nos jugemens de legéreté. Ce qu'on vient de voir, eft le rapport d'un homme peut-être trop rempli de confiance. Ce qui va fuivre, eft celui d'un homme dénué de raifon. Il continue de rapporter, avec une complaifance ftupide, les effets de la négromancie Lapone; & il ne tient pas à lui qu'on ne regarde chaque Lapon comme un nouvel Eole, qui tient les vents enchaînés, & qui difpenfe, à fon gré, le calme & les orages. Empruntons, un moment, fon langage : le ton de bonhommie qui y règne, ne fervira qu'à mieux rendre la ridicule fimplicité du voyageur.

» Le forcier n'eut pas plutôt quitté

» notre bord , que notre patron dé-
» fit le premier nœud du lambean.
» Aussitôt il s'éleve un vent d'ouest-
» sud-ouest, le plus agréable du mon-
» de , qui nous poussa à plus de tren-
» te lieues du Maelstroom (i), sans
» être obligé de défaire le second
» nœud. Cependant , le vent com-
» mençant à varier , & à vouloir se
» tourner au nord , notre patron dé-
» noua le second nœud , & le vent
» nous demeura favorable jusqu'à plus
» de quarante lieues de cet endroit.
» Aux montagnes de Roucela , notre
» boussole se détourna de plus de six

(i) Le Maelstroom est un gouffre situé auprès de
l'isle de Moskoc , sur les côtes de Norvége : il étoit
autrefois très-redouté des Navigateurs, & on l'évitoit
avec grand soin. On assure qu'il a vingt-quatre
lieues de circuit *. Pendant six heures , il absorbe
tout ce qui est dans son voisinage , les Baleines ,
l'eau , & tout ce qui nage au dessus, & rend ensuite ,
pendant autant de temps , tout ce qu'il avoit en-
glouti. *Voyez l'Hist. nat. de M. de Buffon. tome 2,
in-12 , page 271.*

Le Monde souterrein du P. Kircher, *page 112.*

* *Géographie d'Hubner , tome III , page 104.*

» lignes ; ce qui nous fit conjecturer
» qu'il y avoit de l'aimant dans ces
» montagnes. Notre pilote la fit fer-
» mer ; & comme il avoit souvent na-
» vigé dans ces mers , il se servit
» seulement, de la carte marine , pour
» gouverner le vaisseau , jusqu'à ce
» que nous eussions dépassé toutes les
» montagnes. Alors notre boussole
» reprit sa direction , & nous fit con-
» noître que nous approchions du
» Cap.

» Le vent manquoit : notre patron
» dénoua le troisieme nœud du lam-
» beau. Mais, ô malheur ! nous eû-
» mes grand sujet de nous en repen-
» tir. A peine ce nœud fut-il défait ,
» qu'il s'éleva un vent, de nord-nord-
» ouest, furieux , qui nous fit voir , à
» chaque instant , des abymes im-
» menses préts à engloutir notre vais-
» seau. Il sembloit que le firmament
» alloit s'écrouler pour nous écraser
» sous ses ruines , & que Dieu, par
» une juste vengeance , nous vouloit
» exterminer , pour la faute que nous
» avions commise, d'avoir adhéré aux

» forciers. Nous ne pouvions tenir
» aucunes voiles ; nous fûmes obligés
» de nous abandonner à la merci des
» flots en courroux. Après avoir paf-
» fé trois jours dans cet état cruel ,
» une bourafque nous jetta , tout d'un
» coup, fur un rocher à quatre lieues
» des côtes. C'eft là que chacun
» commença à fe lamenter , à deman-
» der pardon à Dieu , de bon cœur,
» croiant que c'étoit fon dernier jour ;
» car tout le monde s'attendoit à voir
» brifer le vaiffeau en mille piéces.
» Une vague , des plus violentes , fit
» notre bonheur ; elle releva notre
» vaiffeau de deffus ce rocher , & le
» remit en mer.

Nous terminerons ici la defcription des terres Arctiques. Nous allons
paffer dans notre Continent, en commençant notre entrée par l'Hiftoire naturelle de la Laponie.

Fin du premier Volume.

TABLE

DES MATIERES

Contenues dans ce Volume.

A

B

C

I

K

L

W

Y

Z

Fin de la Table des Matieres.